イチローフィールド

野球を超えた人生哲学

丹羽政善

日本経済新聞出版社

プロローグ――3・21ドキュメント

もう日付が変わろうとしていた2019年3月21日夜、イチローが、東京ドームの場内を一周しながらファンの声援に応えている様子を、マリナーズのジェリー・ディポトゼネラルマネージャー（以下GM）と並んで見守った。

「素晴らしい夜になる――」

その日限りでの「イチロー引退」が一部で囁かれる中、試合前に探りを入れると、「何もコメントできない」と言葉を濁した後で、ディポトGMはそう答えた。

答えたことは答えたが、それをそのまま引退を認める発言として捉えるのは無理があった。

そこで、私はこう尋ねた。

いつ？

それだけでディポトGMは質問の意図を察し、こう明かしている。

「10日ほど前かな。キャンプ地にある私のオフィスで、イチローと通訳の3人で話をした。そのときだ」

心当たりがあった。

19年3月10日、アリゾナ州ピオリアでのインディアンズとのオープン戦。「8番・左翼」でスタメン出場したイチローは、2打席連続で三振を喫すると、六回表の守備から退いた。

クラブハウスへ戻り、いつもならそのまま着替えて帰るところだが、その日はユニホームからTシャツとトレーニング用の短パン姿になってクラブハウスから出てきた。

トレーニングルームにでも行くのか。あるいは、トレーナーの部屋に行くのか。

いずれにしても珍しいパターンだったが、そのどちらにも足を向けることもなく、イチローは廊下を進んでキャンプ施設の受付へと続く扉の向こう側へ消えた。そして、次に姿を見せたのは、クラブハウス脇にある外階段の鉄扉の向こう側からだった。

その外階段を上がっていくと2階の広いオープンテラスに出る。2階へは受付前の階段からも行ける。ということは、時間にして10～15分、イチローは2階にいたのである。

あの、イチローが2階へ上がった日か？

時間的な齟齬もない。イチロー自身、カーテンコールが終わってから行われた深夜の引退記者会見で、決断のタイミングを聞かれてこう答えている。

「キャンプ終盤ですね。日本に戻ってくる……何日前ですかねぇ」

マリナーズが日本へ向けてピオリアのキャンプ地を出発したのは3月14日午後のことだった。

ことの序章は、2018年2月まで遡る。

ディポトGMはジョン・スタントン会長に電話を掛けた。

「イチローとの契約を考えている」

そのときスタントン会長は、「編成サイドでイチローを必要な戦力と考えるなら、私に相談する必要はない」と答えた。

それは同年3月7日に実現するのだが、ディポトGMから連絡があった後で、スタントン会長は、チームの中心的存在だったロビンソン・カノー（現メッツ）と話し合った。

「イチローのマリナーズ復帰がチームにとっていいことか、確認したかったんだ」

するとヤンキース時代にイチローとチームメートだったカノーはその考えを歓迎した。

「イチローの復帰は歓迎だ。ヤンキースで一緒だったとき、彼から多くのことを学んだ」

スタントン会長は、マーリンズでイチローとチームメートだったディー・ゴードンにも同じ質問をした。聞くまでもなかったのかもしれない。返ってきたのは、カノーと同じような答えだった。

「イチローのおかげで選手として上達できたと思っている」

イチローとの再契約の流れはそうして固まっていったが、スタントン会長はディポトGMに一つだけ注文をつけた。

「もしもイチローに出場機会を与えられなくなったそのときは、相談に乗る」

18年4月18日、右脇腹を痛めていたギャメル（現ブルワーズ）が復帰すると、それが現実となる。元々、イチローとの契約は、ギャメルの長期離脱が引き金となったが、開幕当初は3試合連続、4試合連続でスタメン起用されていたイチローの出番が、ギャメル復帰後は激減した。

言葉に従って、アドバイスを求めてきたディポトGMに対し、スタントン会長はいくつかの腹案を伝えた。

ようは、選手登録を外した後のシナリオをどう描くかだったが、その一つが9月復帰案。大リーグでは9月になると、通常25人（20年からは26人）の選手登録枠が最大で40人（20年からは28人）に拡大される。そのタイミングでイチローを再度、選手登録するという奇策だった。

これはしかし、リーグに掛け合ったところ、形式的とはいえ、一度フロントオフィスに入った人間を同じ年に選手として再登録することはできないと言われ、実現しなかった。

ただ、ベンチ入りは認められないものの、チームと一緒に練習をし、遠征にも帯同させる、という案は通した。その先には、2019年の復帰が視野にあったが、大リーグ機構側としてもそれを後押ししたい事情があった。マリナーズの日本開幕戦開催が、ほぼ決まっていたのである。

イチロー自身、「この日が来るときは、僕はやめるときだと思ってました。その覚悟はありました」と選手登録を外れた18年5月3日に話しているが、「3月にも、4月にも、5月にもイチローと話した」というスタントン会長は、「まだ、決まっていない段階で、日本で開幕戦を行う可能性があるという話をした」と明かす。

東京ドームで復帰という流れをイチローとも共有するなかで、方向性が固まっていく。それは前代未聞とも言えたが、イチローも「それ（東京での開幕戦）があることで明確に、遠いですけど、目標を持っていられるっていうのは、大きなこと」と、切り替えていった。

もちろん、スタントン会長としては、「イチローが、日本、または別のチームでのプレーを希望した場合、彼の考えを尊重し、サポートするつもりだった」と振り返る。

しかし、イチローがそれを望まなかった。

「彼はマリナーズに残ることを希望し、（開幕戦が）実現した場合、日本での試合に出場したいと考えていた」

結局、日本での開幕戦開催が正式発表されたのは18年5月1日だったが、イチローが3日に選手登録を外れ、会長付特別補佐に就任したのは、タイミング的に偶然でもあり、必然でもあった。

開幕シリーズでの引退をイチローは決めていた

さて、以上の経緯を踏まえれば、日本で行われる開幕戦が花道——。ゴールの設定が明確となった。イチロー自身も、引退会見でそれを認めている。

「もともと日本で——東京ドームでプレーするところまでが、契約上の予定だった」

ただ、そういう裏は一切感じさせなかった。キャンプ初日には、こう言っている。

「安易な責任のない意見かな、そういうものを裏切りたいと思っています」

日本で引退するのでは——。もちろん、遡れば選手登録を外れた18年5月3日からそういう捉え方があったが、その声に反発するかのよう。キャンプ、オープン戦で結果を出し、規定路線を覆す——その決意宣言でもあった。

選択権そのものはイチローの側にあり、も

しも現役を続けたければ、チームとしてもそれを認める方向だったようだが、結果的には、スプリングトレーニングゲームに12試合出場し、28回打席に立ったが、25打数2安打、9三振と結果が出ず、イチローは決断。そしてあの日、ゼネラルマネージャーが待つ2階への階段を上がった。

外階段を下りるときに聞こえたであろう隣の球場からの歓声は、イチローにどう聞こえたか。

最後の日となった19年3月21日に話を戻す。

当日朝、スタントン会長は、ニューヨークにいる大リーグのロブ・マンフレッドコミッショナーに電話を掛けた。

「イチローが引退するかもしれない」

マンフレッドコミッショナーは、マリナーズがイチローに相応しい花道を用意することを望み、引退した際は、声明を発表したいと考えていた。その流れについては、「予定されていたことと、その場で決まったこと。両方があった」とスタントン会長は述懐する。

予定されていたことの一つは、試合を途中で止めること。

20日の開幕シリーズ初戦でも、2回打席に立った後、一旦守備についてから交代が告げられると、引き上げてくるイチローをチームメート全員が出迎え、試合が中断された。

開幕戦でも途中交代を告げられ、チームメートに迎えられた

2戦目も、八回に最後の打席を終えると、その裏の守備についてから交代が告げられている。このときはチームメート、スタッフ全員とイチローはハグを交わした。菊池雄星は号泣し、一部の選手とは言葉のやり取りもあったため、それなりの時間を要したが、それを止める人などいなかった。

もちろん事前に、マリナーズのスコット・サービス監督は、アスレチックスのボブ・メルビン監督に説明していた。メルビン監督も「大まかな流れは聞いていた」と後に語っている。

「第1試合では数打席の後に下げて、第2試合ではもう少し長めに起用するということだった」

異論などあろうはずがなかった。

仮にサービス監督の立場だったら、メルビ

ン監督も同じ選択をしたはずである。

イチローが大リーグの年間最多安打を記録した2004年の最終戦。九回表1死走者なしという場面で、当時マリナーズを率いていたメルビン監督は、ライトのイチローに交代を告げた。ゆっくりと一塁のダグアウトへ戻るとき、記録を達成したイチローに対し祝福と敬意を込め、シアトルのファンはスタンディングオベーションを送っている。それはもちろん、メルビン監督の配慮に他ならなかった。

「うちの監督、ああいうのうまいよね」

イチローもあのとき、メルビン監督の演出に頰を緩めた。

なお、そのメルビン監督はイチローから直接、引退を明かされていた数少ない1人でもある。2003年、2004年にマリナーズの監督を務め、そのときから「馬が合った」というメルビン監督はこう話す。

「球界に知り合いは大勢いても、親友と呼べる人は少ない。彼は私の親友の1人」

来日当初はまだ、聞かされていなかった。東京ドームで公開練習が行われた3月16日、一塁側のダグアウト前にいると、メルビン監督が筆者に近づいてきた。

「マリナーズはイチローをどうするつもりだ?」

こっちが聞きたいぐらいだったが、メルビン監督は、熱くまくし立てた。

「もしも毎日起用すれば、彼は必ず結果を出すだろう。チャンスで打席に立たれたら、相手としては、今でも嫌な打者だよ」

5日後、奇しくもそれが現実となるわけだが、おそらくメルビン監督が知らされたのは、開幕戦前日に行われた歓迎パーティの場ではなかったか。途中、イチローと二人きりで話しているのを見た人がいる。

そうした経緯を明かすことはなかったものの、引退の意向を打ち明けられたときは、「悲しかった」とメルビン監督は漏らしている。

「球史に名を残す選手の長いキャリアが終わりを迎えようとしている。そう感じた」

すべてを知った上でそれを胸におさめ、2試合を敵将として戦い、すべてが終わると、イチローが米メディアの取材に応じている三塁側の室内ブルペンにメルビン監督は足を運んだ。

そのときの映像と写真が残っているが、イチローを囲む米メディアの周りをマリナーズのチームメートが囲み、その輪の外にぽつんと白いユニホーム姿のメルビン監督が佇んでいる。

そのときのことを問うと、「白いユニホームを着ていたのは私だけだったので、少し違和感があった」と苦笑したメルビン監督だったが、次の言葉に気持ちを込めた。

「友人として、あの場にいたかった」

ちょうど、メルビン監督と入れ替わるようにして、おそらく、一番長くイチローとチームメートだったフェリックス・ヘルナンデスが、室内ブルペンから姿を見せた。普段から感情的な彼は、涙目だった。

さて、2試合目のイチローの起用に関しては、その場で決まったこともあった。サービス監督は2試合目について「少し長め」とメルビン監督に説明していたそうだが、予定では3打席だったという。

その3打席目は、1点リードの七回無死二塁という場面で回ってきた。マウンドには、9回対戦して、イチローにはヒットを許していないホワキム・ソリア。球場の雰囲気から、「ヒットが出たら、最後の打席になると思っていた」という彼は2－2からチェンジアップを投げ、それが外角いっぱいに決まると、イチローを見逃し三振に仕留めた。

それが現実といえば現実だが、三振の直後からサービス監督は思案することになる。予定通りその裏の守備から交代させるか、もう1打席打たせるか。

避けたいのは、負けている展開で九回に最終打席を迎え、そのまま試合が終わってしまうパターンだったという。守備についたところで交代させ、スタンディングオベーションの中でベンチに戻らせる、という当初のシナリオが崩れる。

どうするか。

実はその前年（2018年）にも、彼は似たような決断を迫られていた。

イチローが18年5月3日に会長付き特別補佐に就任したことはすでに触れたが、その前日――2日の試合が、その年の最後というのは、イチロー本人にも、監督にも分かっていた。そしてその試合は、キャリア最後になる可能性もあった。

イチローはその頃、スタメン出場しても、試合終盤に守備固めで交代させられることが常だった。2日の試合でも接戦の試合終盤、サービス監督はイチロー交代のタイミングをはかっていた。しかし、マニー・アクタベンチコーチの一言で、我に返る。

「まさか、代えることを考えてるんじゃないだろうな？」

翌日、イチローが選手登録を外れることは、ごく一部しか知らない。最後まで出場させれば、変に勘ぐられるのではないか。そんな思いもあったそうだが、「アクタに言われなければ、あやうく、大きなミスを犯すところだった」とサービス監督は後に語っている。

結局あの日、サービス監督は、最後までイチローを使い続けた。すると九回、一打同点の場面でイチローに打席が回ってきた。三振に終わったが、三塁線に際どいファールを放つなど、その駆け引きは見応え十分。よって東京ドームでも、「もう1打席」に気持ちが傾いていたが、イチロー凡退後に打線がつながると、翌八回は1人出ればイチローに打席が回る、という状況になった。

もう、迷う必要はなかった。

「よし、あと一打席！」

その八回は4対4の同点、2死二塁というこれ以上は望めないという状況でイチローに打席が回ってきた。

そのときアスレチックスのマウンドにいたのは、前年に頭角を現し、「イチローには、子供の頃から憧れていた」というルー・トリビーノである。対戦から2カ月ほどたった19年5月下旬、取材に応じた彼は、まずはこう切り出した。

「気にしないようにしたけど、あれは歴史的な瞬間だと分かっていた」

引退のことは知らなかったものの、「感覚的に（最後の打席になると）思った」そうで、同時に自分の置かれた状況を苦笑交じりにこう振り返った。

「客席の興奮が最高潮に達し、日本をはじめ、世界中の人々が、イチローが僕からヒットを打つことを願っていたと思う。あの場面では彼がスーパーマンだったとしたら、私は悪役だった」

それはしかし、世界でたった一人に与えられた機会——。

「そうだね」

トリビーノの表情が誇らしげなものに変わった。

イチローとの全6球については、こう解説している。

「初球の4シームはボール。2球目、内角に投げたカットボールはファール。3球目のカットボールは空振りだった」

これで1ボール2ストライク。

「4球目は、空振りをとった3球目と同じカットボール。それをファールされたので、5球目は緩急をつけるためにカーブを投げたら、それもファールにされた。決して悪くない球だった。（イチローが）あの2球をどうやってファウルにしたのか分からない」

カウントは依然、1－2。

最後の球は？

「カットボールだ」

打球がショートの前に転がる。いや、転がした。

「イチローは足が速いので、際どいタイミングになると思った」とトリビーノ。

その通りになった。三塁側の記者席からでは判断がつかなかった。

「でも、ギリギリで間に合った」

一塁塁審の手が上がったその瞬間、客席からは大きな、大きなため息が漏れた。

試合後、彼のもとには友人からメールが届いたという。

「真っ直ぐを投げて、打たせるべきじゃなかったのか？」

しかし、「それは出来なかった」とトリビーノ。

「コンペティターとして、どんな勝負でも自ら負けようとは思わない」

それは、イチローに対する礼儀でもあった。

結局、試合は延長に入り、延長十二回表にマリナーズが勝ち越すと、そのまま逃げ切った。八回にベンチに下がったイチローが再びフィールドに姿を見せ、仲間を迎える。そしてまた、ダグアウトの奥へと消えた。

選手たちはそのまま、クラブハウスに併設されたラウンジに集まっている。そこではまず、サービス監督が、選手全員を前にイチローの功績を称えたという。続けてイチローがスピーチを行ったが、このときのことを、マイク・リーク（シーズン途中でダイヤモンドバックスへトレード）はこう記憶している。

「雰囲気から何となくそう感じたけど、彼の口から引退という言葉を聞いた覚えはない。引退を想像させるような言い方ではあったけど」

よって、カーテンコールに応える姿を見るまでは、「確信がなかった」そうだ。

八回の交代でハグをしたときもリークには戸惑いがあったようだが、あのとき彼は、イチローの耳元で何かを囁いていている。

あのとき、なんて言ったの？

「チームメートになれて光栄だと伝えたんだ」

そのリークには、忘れられないイチローとの会話がある。

「昨年（2018年）、ロサンゼルスでゆっくり話す機会があった」

どんな話をしたの？

「イチローから、『ペドロ・マルティネスのスタイルに似ている』って言われたんだ」

レッドソックスなどでプレーしたマルティネスといえば、イチローが度々、難敵だったと口にしてきた相手。1990年代の後半から2000年代の前半にかけて、メジャー屈指の右腕として君臨した。

「僕は、ペドロには遠く及ばない」とリーク。

「でも、そんなペドロのメジャーリーグでの功績を考えると、イチローから最大の誉め言葉をもらった気がした」


ラウンジから三塁側のブルペンに移動したイチローはそこで、米メディアの取材を受けた。その後で、通訳からまだファンが客席に残っていることを伝えられている。クラブハウスに戻ると、メジャーに憧れるきっかけとなり、選手としても人間としても尊敬するケン・グリフィーJr.から、声を掛けられた。

ゴードンがそのときのやり取りを覚えている。

「クラブハウスの外がどうなっているのか。グリフィーさんがイチローに教えて、（それに応えるよう）促したんだ」

フィールドへとつながるドアの前までイチローが来ると、チームメートが、続々とその後ろに集まってきた。

シーズン途中でヤンキースにトレードされたエドウィン・エンカナシオン（現ホワイトソックス）は、スマートフォンでその様子を撮影しながら、「イ・チ・ロー！　イ・チ・ロー！」と叫んでいた。

ドアを開ける直前、イチローは彼らの方を振り返った。やはりスマートフォンで動画を撮影していたゴードンが、声を掛けた。

「さあ、行こうぜ！」

階段を駆け上がるときの靴音が、響く。次の瞬間、地鳴りのような歓声が、客席から沸き起こった。

後日、そのときの映像を見せてくれたゴードンは、シアトル・タイムズ紙にイチローに謝意を示すべく、全面広告を出している。

「あの試合の後、僕たちはシアトルに帰ることになっていた。帰りの飛行機でゆっくりお礼を伝えようと思ったら、イチローが乗っていない。聞いたら、日本人メディアに対応しているから、一緒には帰れないということだった。シアトルに戻って、時差ボケで眠れないときだったかな。どう感謝を伝えたらいいか考えていて思いついたのが、あの広告だった」

イチローには何をするか伝えず、「怒らないでね」とだけメッセージを送った。掲載された新聞広告の画像を送ると、イチローからこう返信があったそうだ。

"Thank you."

イチローフィールド——目次

装丁・長久雅行
本文写真・田口有史

第1章

イチローを突き動かした原動力

イチローの原風景

愛知県豊山町。イチローが生まれ育った街だ。交通量が多く、名古屋高速がまるで傘のように覆いかぶさっている国道41号線を逸れて県営名古屋空港へ向かう道に入ると、まだ周りには田畑も残る静かな住宅街へと出る。

その街は筆者にとっても故郷だ。豊山町に隣接する名古屋市北区に小学1年生の12月まで住み、豊山町の幼稚園に通った。

といっても、確かな記憶があるわけではない。2018年12月、イチロー杯表彰式の取材のため、久々に豊山町へ。早く着いたので、この辺りに自分の通っていた幼稚園があったはずだと検索して向かうと、あるにはあったが、自分の記憶とはかけ離れた建物がそこに立っていた。

当たり前である。もう、何十年も時が経っている。辺りの景色を見渡しても、記憶と結びつくものはなかったが、幼稚園から空港方向へ100メートルほど歩いたところに、イチローのメモリアルグッズが展示されている「I-fain」があった。

そこは2002年に一度訪れたことがあったが、こんな位置関係だったとは。もちろん、幼稚園に通っていたときには「I-fain」は存在していなかったわけだが、不思議な縁である。

いずれにしてもその街に、野球選手・イチローの原風景があるのだが、意外にもそこには、屈辱の歴史が刷り込まれている。

苦い思い出をイチローが口にしたのは、2016年6月15日のこと。日米通算ながら、ピート・ローズが持つ4256安打の大リーグ通算安打記録を更新した日に、「小学生のころ、毎日、野球を練習していると近所の人から『あいつ、プロ野球選手にでもなるつもりか？』っていつも笑われていた」と明かし、静かな声で続けている。

「悔しい思いをしましたよ」

あざ笑う声。冷めた視線。その記憶は、思い出す度にほろ苦い。

実のところ、イチローにはそういう話が少なくない。それらはしかし、イチローを突き動かす原動力ともなっていく。

2011年のキャンプ初日。前年に節目となる10年連続200安打を達成したが、よくここまで来た、という感覚はあるかと聞かれると。「親戚のおばちゃんに、『こんな世界では絶対お前は無理だ』って言われて、最初ね。そのことはちょっと思い出しますね」と遠い日の記憶をたぐった。

「従兄弟の結婚式で会ったんだけど。ドラフトの前日かなんか。そのことは時々思い出しま

反骨心の一つのルーツが、2001年のキャンプ取材

す」

その叔母には、あえてきつい言葉で鼓舞しようという意図があったのかと聞かれると、イチローは苦笑しながら「違うと思いますねぇ」と答えている。

「確率の問題を言ってました。やっていける人は少ない、って話ですけど」

もっとも、その後受けた屈辱は、このときの比ではない。

近所の人に笑われながらもプロ野球選手になった。後にプロ野球の世界で首位打者も獲り、メジャー挑戦を決めたときにも首位打者を獲ってみたいと口にすると、「やっぱり笑われた」そう。

そして、メジャーに移籍して迎えた最初のキャンプではこんなことがあった。

「マイク・ハンプトン（当時ロッキーズ）というピッチャーがいましたけど、あのピッチャーと対戦したときに……割と早い段階だったと思いますけど、『彼からヒットを打てると思いますか』っていう質問が飛んできたんですよね。まあ、あの質問は一生忘れないですけどね」

その話をしたのは、２０１０年９月23日に10年連続２００安打を達成した試合後のことだ。ハンプトンはアストロズ時代の１９９９年に22勝（４敗）を挙げ、その時点でメジャー通算85勝を記録していた投手だが、あまりにも見下した質問にイチローは絶句。10年ちかく昔のこととはいえ、言葉は怒気を帯びた。

「10年（連続）２００（安打）続けて、ヒットが出ないと何で出ないんですかっていう質問に変わったわけですよね。そういう状況を作れたことはすごく良かった。僕はそんなに10年前とアプローチとか野球に対する思いとか変わってないですけど、そういう周りを変化させられたことに対してはちょっとした気持ちよさがある。最初は侮辱から始まりましたから。かなり侮辱されましたからね、スプリングトレーニングでは」

おそらく誰も、10年連続で２００安打を放つなどとは、イチローがルーキーのときには考えなかった。ハンプトンを打てますか？　という質問は極端だったとしても、懐疑的な見方は少なからずあった。

それが10年後、ヒットを打って当然とみなされ、年間２００安打はもうニュースではなかった。それは彼にとって気持ちよさであると同時に、小さな誇りになった。

トロントで10年連続200安打を達成。快感があった

「子供の頃から、人に笑われてきた悔しい歴史が僕の中にはある。でも、人に笑われてきたことを常に達成してきた自負はある」

イチローの原風景には、屈辱に対する反骨心が、そこかしこにのぞく。

他山の石に

「妥協なき日々に、美は宿る」

2008年1月、歌舞伎役者・坂東玉三郎を特集したNHK「プロフェッショナル 仕事の流儀」のタイトルである。

奇しくも同じ年、日米通算3000本安打に迫っていたイチローの周辺を取材していて聞こえてきたのが、「妥協なき日常」という言葉だった。

当時、チームメートの1人だったのが、ラ

イアン・ローランドスミスという左投手。彼は、イチローの行動をずっと観察していた。

「同じような時間に球場に来て、毎日、同じようなメニューで体を動かし、それを同じ時間にこなす。時計代わりといっていたチームメートもいたけど、まさにそう。そしてそのルーティンが崩れることがない。そして、どんなときでも妥協がない」

若手の中には、そういう生活スタイルを「無理」と決めつける選手もいた。

「あそこまで24時間、野球に時間を使うなんて。リラックスする時間も必要だ」

いや、イチローもリラックスしている。それも含めての24時間。さすがにゴムが伸び切ったままでは、弾力を失う。ようはオンとオフのスイッチ。若い選手は、その切り替えができない、というより、切り替え方を知らない。

当時、そんな話を聞いて思い出したのは、マリナーズでイチローの前に51番を背負っていたランディ・ジョンソンの苦言だった。

あまり説明の必要はないかもしれないが、ダイヤモンドバックス時代には1999年から4年連続でサイ・ヤング賞を獲得するなどしたジョンソンは最終的に通算303勝を挙げ、2015年に野球殿堂入りを果たしている。

そのジョンソンに、イチローがデビューした2001年の夏の終わりに、インタビューする機会があった。そのとき30代の後半になっても高いレベルのパフォーマンスを続けていることについて話を聞くと、こう胸を張った。

「20代の頃に、今を意識して準備していたからだ」

彼もまた、トレーニングに関してはストイック。20代の頃から、激しいトレーニングで自分を追い込んできた。元々、2メートル8センチという体に恵まれ、身体能力も高い。ただ、「それだけではない」と強調した。

「人間の体は衰える。それには逆らえない。しかし、それを遅らせることはできる」

そのうえで彼は、若手に苦言を呈している。

「30代になって衰える選手は、若いときにトレーニングをしっかりしていなかった選手だ。若い選手は、分からないんだ。トレーニングの重要性が」

それはどういうことか？

「若いときは、極端にいえば、何もしなくても体が動く。力もある。そして、それがずっと続くと錯覚する」

しかし、人間はいつまでも20代でいられるわけではない——。

「その通りだ。で、30歳を超えて衰えを感じると、急にトレーニングを始める。しかし、無理だ。もう、遅い。30代の準備は20代でするものだ」

ジョンソンは、そういう選手をいくらでも見てきた。だからこそ若い頃から先を見つめ、そのときに備えた。

同じような話を阪神の藤川球児からも聞いたことがある。彼が今も高いレベルでパフォーマンスを続けていることは、必然なのだろう。

話を戻すと、ではなぜ、イチローは、妥協なき日常を送れるのか。そこへ自分を追い込む原動力は何か。

2008年7月29日、テキサス。イチローは、日米通算3000本安打まであと1本としていた。

1打席目、初球。

「(ホームランを) 狙っていた」というイチローの打球は、曰く「詰まった」。しかしながら白球は、レフトの前にポトリと落ちる。

「でも、ヒットだ」

節目の1本は、そうして生まれた。

試合後の会見で聞いた。妥協なき日常。言い訳を作らない。そこまで強く自分を追い込める原動力は何かと。

するとイチローは、「94年に200本、210本打って、給料が10倍になったわけですよね。あのときから自分に対する責任、自分が負っている責任というものを、考えるようになりましたね」と切り出した。

「まだね、給料が安いときっていうのは、そういうことを考えない。自分のことしか考えない。でも、自分の行動や発言によって大きな影響が出るということを、あの年に自分で知ってしまったわけですよね。それからというのは、ようはこれを今、人が見ていたら許さないだろうな、という行動はなるべくしないようには、なっていきましたよね」

いつしか人のことを観察し、それを行動規範とした。

「僕が何かを自分のために生かすことというのは、人のことを見て学ぶことが多いんですよね。自分の中から何かを生み出していくことっていうのは、あんまりない。人の行動を見ていると、すごく気になることがたくさん見えてきて、それを自分に生かすというやりかた。すごく嫌らしいやりかたですけど、ずっとそうやって、今の自分があるような気がするんですよ。そうやってやっていくと、今の自分ができたみたいな、という感じなんですよね。その中から自分の信じているものなんかが生まれてきて、それを生かしていく」

まさに他山の石である。その言葉は中国最古の詩編とされる「詩経」に出てくる、「他山の石、以て玉を攻むべし」に由来する。別の山で採れた質の悪い石であっても、自分の玉を磨くのに役立つという意味だが、その傾向は海を渡ると、より一層強まった。

当初、「いいことも、悪いことも、想像していたものと違う世界があった」と戸惑いを覚えたそうだが、一方で「すごく助けになった」とイチローはいう。

「アメリカではわかりやすい。特にはっきりと答えが出るので。それは僕にとっては、すごく助けになりましたね。『あっ、ああやってやらなければいいんだ』ということがあまりにもたくさんあって」

一部の大リーガーにある意味で支えられ、あるべき姿を追求していった。

「あのね、『こうした方がいい』というのは難しいですよ。答えが出づらいんですよ。でも明らかに、『それはまずいよね』という中には、はっきりとした答えがたくさんある」

こうした方がいい——では、あまりにも間口が広い。一方で、あれはやってはいけない——であれば、絞り込める。「妥協なき日常」もある意味、その反面教師か。

おそらくジョンソンも、あるとき、同じものを見てしまったのだろう。ゆえに自分のすべきことを悟った——。

ところで、イチローがアスリートとして追求したものも「美」だった。一つ一つのプレーを作品としてどう表現するか。それは、あるときから彼のテーマとなっていった。

自分自身が自分自身に教えてくれたこと

イチローが知ってしまったこと、気づいてしまったことはもちろん、行動規範だけにとどまらない。

2004年10月1日、イチローは歴史に挑んだ。消化試合にも関わらず、スタンドには4万5573人という満員の観客が詰めかけていた。そして彼らは、イチローが打席に立つたび、ここで一打出ればワールドシリーズの優勝が決まる――そんな空気を作っていた。緊張感は記者席にも漂う。

それは、2009年のワールド・ベースボール・クラシック決勝の延長十回表、イチローが勝ち越しのチャンスで打席に入ったときの感覚が近い。あるいは、19年3月に東京ドームで行われた開幕シリーズで、イチローが打席に立つ度に感じた張り詰めた空気と似る。最後になるのでは――という経験したことのないような雰囲気に包まれた第2戦の八回2死で迎えた打席では、直前にシアトルの地元メディアから、球場内の様子を描写して短い速報を出してほしいと頼まれていたが、全く書けない。タイプミスばかり。何度も打ち直す。指先は、正直だった。

話を戻せば、期待が高まる中、1920年にジョージ・シスラー（セントルイス・ブラウンズ＝当時）が作った257本という年間最多安打に並んだのは初回。そして三回の2打席目、打球が二遊間を抜けてセンターに達すると、二度と破られないのではと言われていた大リーグ記録を84年ぶりに塗り替えた。

さて、その記録というのはもちろん、今も破られていないわけだが、この年（２００４年）の４月、打率.255、月間26安打と低迷したのは知られるところ。

裏には、これもよく知られているが、チームの提案があった。相手はイチローが初球から積極的に打ってくることを知っている。よって、もうストライクゾーンには投げてこない。初球を見送ったらどうだ——という。

そこには、四球も増やしてイチローの出塁率を上げたい、という首脳陣の狙いが込められていたわけだが、当時の打撃コーチで、２０１５年から18年までツインズの監督も務めたポール・モリターは当時、こう説明した。

「イチローの積極性を奪うつもりはないが、『早いカウントは、くさい球』がイチローの攻めのセオリーになっていた。つまり、それを打つ必要はないんじゃないか、と話し合ったんだ。カウントを悪くすれば、相手はストライクゾーンにボールを投げなければいけない。ベース上の勝負ならば、イチローに分があるからね」

04年の開幕戦、イチローは全打席で初球を見送ったが、イチローとしても、納得した上で受け入れたこと。

「ある程度たくさんのピッチャーを見させてもらって、リスクを冒して１球目から攻撃しなくてもいいと考えられるピッチャーもたくさんいるわけですよ」

その年の４月半ば、そんな初球に対する意識の変化を問うと、イチローはさらにこう言っている。

「つまり、1ストライクと追い込まれてからでも、十分対応できるピッチャーっていうのはいますから。その人たちに対して、1球目から……もちろんチャンスもあるんだけど、そこでリスクを冒す必要性というのはだんだん少なくなってきたんですよ、僕の中では」

ただ、想定した結果が出ず、4月終わりにモリターコーチが指示を解除した。「自由にやってくれ」。すると5月以降、イチローは3度も月間50安打以上を記録するなど、安打を積み上げていく。数年前、モリターが監督となってシアトルを訪れたときに当時の話になったが、彼は、冗談とも本気ともつかない表情で言った。

「あれは、私が打撃コーチとして与えた最高のアドバイスだった」

もっとも、イチロー本人はあの4月のことを、決してネガティブにとらえていなかった。メジャー記録を更新した夜、当然そのことが話題になったが、「僕にとっていい経験だったと思ってます」と言ってのけた。

「決して無駄なことではないですし、野球っていうのは無駄なことを考えて、無駄なことをしないと、伸びない面もありますから」

回り道に見えて、実は近道。この一言は、様々な示唆に富む。考え方そのものは、打撃だけにとどまらないはずだ。

なお、この日の会見では、こんな話もしている。

「今シーズンに限って言えば、チームが勝てない状況が最初から続いて、そこに身を委ねることができなかった。自分のなかからモチベーションを作り出していかなければならなかったですし、ただそれっていうのはこれまでもやってきたことなので、人が心配するほど大きな力はいらなかった」

２００1年は、チームが開幕から怒濤の勢いで勝ちを重ね、大リーグタイとなる年間１１６勝を挙げた。あのときはイチローがその勢いに乗ったというより、チームがイチローの勢いに乗ったという感じだったが、２００４年はいきなり開幕5連敗。早々に地区最下位に沈んだ。

もっとも、そのことにイチローが影響されることはなかった。むしろ、学ぶことが多かった。いや、負けの中にこそ、答えが潜んでいた。

「今シーズン、ここまで来て思うのは、プロとして勝つだけが目的ではないということ。これだけ負けたチームにいながら、最終的にこんな素晴らしい環境の中で野球をやれているということは、勝つことだけが目的の選手だったら不可能だったと思うんですよね。プロとして何を見せなくてはいけないか、自分自身が何をしたいか、ということを忘れずにやらなくてはいけないということを、自分自身が自分自身に教えてくれたような、そんな気がしています」

記録の達成感はもちろん、それはそれで、何ものにも代えがたい。一方でそんな小さな気付きは、その後のイチローの確かな財産となっていった。

ところで、メジャー記録を更新した04年10月1日、会見場の後方でイチローを見守る故・仰木彬監督の姿があった。

イチローは19年の引退会見で、メジャー移籍に際し、仰木監督のサポートがあったことを明かしている。

「(メジャーへ挑戦したいという)自分の思いだけではかなわない。当然、球団からの了承がないといけなかった。そのとき、一番に浮かんだのは、仰木監督ですね」

イチローは食事の席で、メジャー移籍を訴えたという。

「その何年か前から、アメリカでプレーしたいという思いは伝えていたということもあったんですけど。何か、仰木監督だったらおいしいご飯で、お酒飲ませたら……飲ませたらってこれは、あえて言ってますけど、これはうまくいくんじゃないかと思ったら、まんまとうまくいって。

あれがなかったら、何にも始まらなかったので。口説く相手に仰木監督を選んだのは、大きかったなあと思いますね。また、『ダメだ、ダメだ』っておっしゃっていたものが、お酒でこんなに変わってくれるんだって。お酒の力をまざまざと見せられました。でもやっぱり、しゃれた人だったなーと思いますね。だから仰木監督から学んだもの、うん、計りしれないと思います」

これを仰木監督が聞いたら、なんとおっしゃったか。

話を聞きながら、あの記録を達成した夜、イチローの話に聞き入る仰木監督の穏やかな表情が浮かんだ。

小さな満足をたくさん見つける

こうして俯瞰してみると、イチローのストイックさが透けるものの、かといって決して、この目標を達成するまで、禁酒するぞ！　というようなタイプではなく、定めた目標も無理と判断すれば、臨機応変に対処する柔軟性がのぞく。

そんな中では、日々の小さな喜びでさえ、活力に変えていく。

２０１３年8月21日に日米通算４０００本を達成した夜、「他の選手は日々、どこかで満足してしまっているようなところがある。それがないから、ここまでこられたのか？」と問われると、イチローは苦笑しながら否定した。

「僕、満足、いっぱいしてますから」

むしろそこから、次の展開があるという。

「今日だって、ものすごい満足してるし。いや、それを重ねないと僕は駄目だと思うんですよね。満足したらそれで終わりだと言いますが、とても弱い人の発想ですよね。僕は満足を重ねないと次が生まれないと思っているので、ものすごいちっちゃいことでも満足するし、達成感もときには覚える。でも、それを感じることによって、次が生まれてくるんですよね」

何もそこまで、自分に厳しくする必要はない、とでも言いたげ。

「意図的に、こんなことで満足しちゃいけない、まだまだと言い聞かせている人は、しんどいですよ。じゃあ、何を目標にしたらいいんですか？　嬉しかったら喜べばいいんですよ、というのが僕の考え方ですけどね」


2016年8月7日、イチローが大リーグ通算3000本安打を放ったときにも、何かを達成すると、それで燃え尽きる人もいるが……と聞かれて、「達成感って感じてしまうと、前に進めないいんですか？」と逆に問い返している。

「そこがそもそも僕には疑問ですけど。達成感とか満足感は、僕は味わえば味わうほど前に進めると思っているので、小さなことでも満足感、満足することはすごく大事なことだと思うんですよね。だから、僕は今日のこの瞬間、とても満足ですし、それを味わうとまた次へのやる気、モチベーションが生まれてくると、これまでの経験上、信じているのでこれからもそうでありたいと思っています」

何をどう設定するか。イチローは、「ランナーがいないのに、2ランは打てない」と言ったことがあったが、言い得て妙で、それぞれのゴールは現実的。背伸びをすれば気負いを生む。言い換えるなら、手の届くものでなければ達成できず、満足どころか、喪失感ばかりが募る。

結局、できることを一つ一つこなし、その度に達成感を味わい、次への活力とする。すべては、その積み重ね――。

その原点とも言える論理思考は、引退会見で語った中にも、垣間見えた。

「少しずつの積み重ねでしか自分を超えていけない。一気に何か高みに行こうとすると、今の自分の状態とギャップがありすぎて、続けられない」

この発言については、後で改めて触れてみたい。

第2章

失敗こそが誇り

失敗とどう向き合うか

ＮＢＡ（全米プロバスケットボール協会）でというより、アメリカのプロスポーツ界では引退した今でも、マイケル・ジョーダン（現ホーネッツオーナー）は別格の存在と位置づけられている。

その彼は現役時代、メディアから「試合を決めるような重要な場面で、しっかりとシュートを決められる。どうしてそんなに勝負強いのか？」と聞かれて、こう答えたとされる。

「君たちは、僕が失敗した数を覚えていないようだから、助かるよ」

実は、失敗した数の方が、成功した数をはるかに上回っている、ということを言いたかったようだが、後にこんな名言となって広まった。

「これまで、９０００回以上のシュートを失敗してきた。３００試合ぐらい負けた。これを決めれば勝てるという場面のシュートを26回も失敗した。僕はこれまで、失敗に失敗を重ねてきた。だからこそ、成功したんだ」

元はといえば、契約しているシューズメーカーの広告のコピーでもあったが、奇しくもイチローも、同じような話をしたことがある。

２０１３年8月21日、イチローはマリナーズ時代のチームメートで、ナックルボーラーのＲＡ・ディッキー（当時ブルージェイズ）から、三塁の右を破る左前安打を放ち、日米通算４０００本安打を達成した。

試合後の会見でイチローは４０００という数字について聞かれると、「これ、ややこしい数なので、両方のリーグの数字を足しているものですから、なかなか難しいんですけど」と前置きした上で、こう続けている。

「ヒットを打ってきた数というよりも、こういう記録――２０００（本）とか３０００（本）とかあったんですけど、こういうときに思うのは、別にいい結果を生んできたことを誇れる自分では別にないんですよね。誇れることがあるとすると、４０００のヒットを打つには、僕の数字でいうと、８０００回以上は悔しい思いをしてきているんですよね。それと常に自分なりに向き合ってきた事実があるので、誇れるとしたらそこじゃないかと思いますね」

失敗とどう向き合うか、人の真価はそこで問われる――。同じことは人生についても言えるが、プロが向き合うものは少し異質だ。

「プロの世界でやっていると、記憶に残っているのは、うまくいったことではなくて、うまくいかなかったことなんですよね。その記憶が強く残るから、ストレスを感じる」

だがイチロー自身、そこから目を背けなかったという自負がある。かつて、こんなことを言ったこともあった。

「何かが僕にぶつけられたときに、何かを返そうとしたら、僕はヒットを打つしかないということはわかっている」

だからこそ、1本のヒットの快感、その価値を誰よりも知る。

「アマチュアで楽しく野球をやっていれば、いいことばっか残る。でも、楽しいだけだと思うんですよね。これはどの世界でも同じこと。皆さんも同じだと思うんですけど、そのストレスを抱えた中で瞬間的に喜びが訪れる、そしてはかなく消えていく、みたいな。それが、プロの世界の醍醐味でもあると思う」

ストレスが大きければ大きいほど、喜びも大きい。一方、失敗から逃げようとすれば、ストレスそのものは小さくなるかもしれないが、達成感も小さくなる。小さなリスクでは、所詮、リターンも知れている。

なお、このやり取りを知っていると、イチローが引退会見で口にしたことも、理解できる。野球が楽しい――そう思える瞬間があったかと聞くと、イチローは否定した。

「子どもの頃からプロ野球選手になることが夢で、それがかなって。最初の2年、18、19（歳）の頃――1軍に行ったり、2軍に行ったり、そういう状態でやってる野球は結構、楽しかったんですよ。で、94年、これが3年目ですね。仰木（彬）監督と出会って。レギュラーで初めて使っていただいたわけですけども。この年までですかね、楽しかったのは」

それ以降、楽しいという感覚は消えた。

「その頃から急に番付を上げられちゃって、一気に。もうずっとしんどかったです。やっぱり力以上の評価をされるというのは、とても苦しい日々ですよね。だからそこからはね、純粋に楽しいなんてことは、もちろんやりがいがあって、達成感、満足感を味わうことはたくさんありました。ただじゃあ、楽しいかっていうと、それとは違うんですよね」

理由も自覚していた。人の評価は自分でコントロールができない。しかし、そこからも逃げず、超えたからこそ、見えたものがある。

「そういう時間を過ごしてきて、将来はまた楽しい野球がやりたいなというふうに、これは皮肉なもので、プロ野球選手になりたいという夢がかなった後は、そうじゃない野球をまた夢見ている自分が、あるときから存在したんですね。

でもこれは中途半端にプロ野球生活を過ごした人間には、恐らく待っていないもの。趣味で野球をやる、例えば草野球ですよね。やっぱりプロ野球でそれなりに苦しんだ人間でないと、草野球を楽しむことはできないのではないかと思うので。これからはそんな野球をやってみたいなというような思いですね」

実は、この質問の裏には、19年東京ドームの開幕シリーズに足を運び、イチローの引退を見届けたケン・グリフィーJr.の一言があった。

来日した翌日の練習日のこと。イチローの引退を知っていた彼に話を聞いていると、「キャリアの最後は大きな責任感からも解放されて、少し肩の荷を下ろすことができる」と言って続けた。

「そうすると違う野球が見えてきて、また楽しくなる。イチローには東京で、野球を楽しんでほしい」

今振り返ってみれば意味深だが、残念ながら、最後までイチローがその境地に達することはなかったよう。東京では東京で、別のプレッシャーがあった。

楽しんでいるように見えたが——と聞かれたものの、やはり「純粋に楽しいということではない」とイチローは答えている。

「誰かの思いを背負うということは、それなりに重いことなので。そうやって1打席、1打席立つことって、簡単ではないんですね。だからすごく、疲れました」

必死に結果を求めた。がむしゃらに。

「やっぱり1本、ヒットを打ちたかった。（ファンの期待に）応えたいって。当然ですよね、それは。僕にも——、感情がないって思ってる人いるみたいですけど、あるんですよ。意外とあるんですすよ。だから、結果を残して最後を迎えられたら一番いいなと思っていたんですけど、それはかなわずで——」

ただ、そこまで自分を追い込んだからこそ、ファンの胸を打った。

「(ファンが) あんなふうに球場に残ってくれて。死んでもいいという気持ちはこういうことなんだろうなあと思います。死なないですけど。そういう表現をするときって、こういうときなのかなって思います」

それはむしろ、本当にごく一部の限られた人だけがたどり着ける境地なのかもしれない。

ところでジョーダンの話には、後日談がある。

１９９７年のＮＢＡファイナル。第１戦はジョーダンのブザービーター (決勝シュートが決まった瞬間に試合終了を告げるブザーが鳴ること) で試合が決まったが、翌日、このシュートと例の26回の失敗に関するやり取りがあった。

するとジョーダンは、「正直に言えば、おそらく、それ以上失敗していると思う」と苦笑した。「あれは、ただの広告だ。俺が数えたわけじゃない。言ってくれって言われたから、言っただけだ」。

あの場にいたが、会見は爆笑に包まれた。

「でも、悪くないだろ?」

真実は案外、そんなものなのかもしれない。

「あまりにありすぎて、覚えてられないよ」

耐性のその先に

ところで、日米通算4000本安打を記録した夜（13年8月21日）に話を戻すと、イチローが珍しく苦しい胸の内をさらしている。

「最近の1日――、球場に来てからというのは、ラインナップがどうなっているのか、自分が7番ぐらいにいることが多かった時期があって、ラインナップカードを下から見るクセがついていたんですよね」

マリナーズ時代にはなかった習慣である。休養のためにスタメンを外れるなら、前日には打診があった。休ませること自体、監督はひと苦労。2003年から2年間、マリナーズの監督を務めたボブ・メルビン（現アスレチックス監督）も、「イチローを休ませるのは、大変だった」と苦笑しながら明かしたことがある。

「『今日、出番はない。リラックスしてくれ』と言っているのに、試合の序盤から代打の準備をしている。体を休めることはできても、神経が休まらない。むしろ、そっちの方が疲れるんじゃないかと思って、もう、休ませるのをあきらめたよ」

イチローの告白はさらに続く。

「で、下にないと、『今日はないのか？』と思って、上の方を見ると2番に入っていたり、時々1番にいたりということがあるんですけども、今日もそうで、ラインナップカードを見るまではゲームに出られるかどうか分からない。ずっとそうなんですよね。そこからなので、もちろん出発前に家でできることをやってここに来るんですけど、なかなか安定した気持ちの中でここに来ることはできない」

あの年——2013年は、後半になってアルフォンゾ・ソリアーノがトレードで加わり、故障で欠場していたカーティス・グランダーソンが復帰すると外野手が5人となり、起用が不規則になった。スタメンを外れるのは相手先発が左のときが多かったが、そもそもイチローは、左投手に対する打率の方が右投手よりも高く、あの年は、ヤンキースで最も左投手に対する打率が高かった。

当時イチローは、「『ここをやってくれ』と言われたときに、僕がいればいいと思ってますから」と話したこともあるが、さすがに不可解が続いた。

「今日もそうでした」

イチローはさらに言葉を継ぐ。

「で、ラインナップカードに自分の名前があったときにそこでスイッチが入るというより、入れるという行為ですかね、自分の中で。まあ、そういうなかなか難しい時間を過ごしてます」

そういう状態のまま2013年が幕を閉じると、翌2014年は開幕のスタメンからも外れ、初出場は開幕3戦目だった。

当時、「（こうした起用に）慣れなきゃいけないと思う。でも、慣れていいものかどうか、難しいところ」と戸惑いを口にしたが、それでもこう気丈に話している。

「（不規則な起用に）備えるといっても、僕が毎日やっていくことに変わりはない。もちろん、バッティング（打撃練習）の順番が変わったり、そういうのはありますが、ゲームに対してはというのは何ら変わりがないわけで、それをとにかく重ねていく。それをどこかで切らしてしまえば本当に切れてしまう可能性があるから、そこは大事にしたいし、それをしない僕は僕ではないですから」

結局、2014年の打席数は385。ピーク時に比べれば半分程度で、「今から162試合やれといわれても、何の問題もない状態」と最終戦が終わって話したが、あのときにこんな前向きな言葉も残している。

「いろんな経験をしてきて、いくつか自分の支えになっている経験ってあるんですけど、間違いなく、そこに加わる時間だったと思いますね。今後の自分の支えになるシーズンになったと思います」

それは、「良くないと思われる状況は、チャンスだと捉えることが多い」というイチローらしい考え方を象徴するが、とはいえ、キャリア全体を俯瞰すれば、やはりこの頃が一番きつかったよう。

２０１６年６月、日米通算ながらピート・ローズの大リーグ通算最多安打（４２５６安打）を更新したとき、「ヤンキースに行った２年目、３年目。マイアミの１年目。３年間はちょっとしんどかったですね」と本音をのぞかせている。

「でも、長い時間をやっていたら『３年ぐらいはちょっと許してよ』っていう感じですかね。『そういう時期あるよね』っていう感じに今は、なってるかな」とも説明したが、そういう経験をしたからこそ、２０１８年３月にマリナーズに復帰したときには、さらに別の自分がいることに気づいた。

「以前、マリナーズでプレーしていたときは、必ずラインナップに名前があった。（その場合）自分のルーティンを守ることはとても簡単というか、難しくなかったですけども、ニューヨークに行ってからというのは、その日、球場にいかないと、その日プレーするかどうか分からない。ゲームが始まって、スターティングラインナップに名前がないときに、どこで自分がいくのかっていうのはまったくわからない状態が続いて、それが慣れてきた頃に、なんとなくこう、こんな状況で自分は行くんだなぁということが摑めるようになったんですけども、見えないものといつも戦っている――そういう状態でした」

スーツ姿のイチローは、表情を変えずに続ける。

「でも、それにもいつしか自分が対応できるようになって、何が起こっても、代打を告げられて……左ピッチャーが来たときに代打の代打っていうこともありました。それは過去になかったことなんですけども、そういう悔しい思いもたくさんしてきた5年半だったので、いろんなことに耐えられるんじゃないかって思っています」

スポットライトに彩られてきた選手が、泥水をすする。しかし、そこを耐え忍び――それは失敗とどう向き合ったかという話にも通じるが――耐えた先にまた、別の世界が見えた。

19年9月14日、イチローは球団功労賞を贈られたが、式典が終わってから、「何が欠けても今日はない。なんだってそうじゃないですか。東京ドームの最後も何が欠けてもあれは起きなかったというふうに考えると、やっぱり自分なりに頑張ってきてよかった」としみじみ話した。

「5年半のニューヨークとマイアミの時間も含めて、それも含めて今日なんだと思うんですよね。だからこれをやっておけばよかったということは僕にはないので、そうしてきてよかったなと思います」

誰にもできないという「誇り」

さて、試合に出られない、あるいは結果が出ないときに味わう苦悩は、程度の差こそあれ、イチローに限った話ではない。プロのアスリートであれば、そのリスクと常に隣り合わせだ。

マリナーズの菊池雄星も1年目の19年半ば、もがき、苦しんだ。5月半ば頃までは順調そのもの。しかし5月下旬から6月上旬にかけて、４回途中でＫＯされることが3試合も続いた。そして6月終わりから8月半ばまで、２カ月近く勝ちにも見放された。

答えを模索する日々。ただ、菊池の場合、そばにイチローがいてくれたことで救われたという。

「悪いとき、うまくいかないとき、どうやってイチローさんが取り組んでこられたかを聞くことで、この1年、打たれたときも落ち込んだときも乗り越えられた」

イチロー自身がそういう状況にどう向き合ってきたか、ということについてはすでに触れたが、そのイチローにさえインプットされていなかったのが、18年5月からその年のシーズン最後まで――いや、19年の開幕までの日々だった。

経緯についてはプロローグで詳細にたどったが、２０１８年5月3日、イチローは選手登録を外れ、会長付特別補佐に就任すると、究極の孤独と対峙することになる。

一見、やることとは変わらない。例えば、午後7時10分試合開始のホームゲームの場合、午後4時15分ぐらいからチームの全体練習が始まる。ストレッチ、キャッチボールをして打撃練習というのが流れだが、２０１２年にヤンキースにトレードされるまで、イチローは1組目で打撃練習を行っていたので、キャッチボールの後、すぐに打撃ケージに入った。

その後、外野で球拾い――というのがルーティン。多くの選手が半径数メートルに来たボールしか拾わない中、激しく動き、二組目の打撃練習が終わると、イチローはクラブハウスへ引き上げた。

18年の5月3日以降は、打撃練習が控え選手と同じ3組目となり、それまでは球拾い。レギュラーに気を使ってやや動きをセーブし、その間は若い選手らと話す機会も増えたが、何も知らなければ、大きな違いとは映らない。

異なるのは、いよいよ試合が始まる、というとき。イチローはダグアウトで選手、監督、コ

ゲームには出られないが、
試合前はチームメートと練習した

ーチらに声を掛け、そのまま裏へ消える。次に姿を見せるのは、マリナーズが試合に勝ち、マウンド付近に整列してハイタッチをするときだ。

イチローは、真っ先にダグアウトを飛び出してマウンド付近でチームメートを出迎え、早く着きすぎるとマウンド上でホームに向かってシャドーピッチングをすることもあったが、試合中はといえば、室内ケージで打撃練習をしたり、テレビで試合中継を見ながらトレーニングをしたりして過ごしていた。また、控え選手が代打の準備を始めると、イチローが打撃投手を務めることもあった。

「よく相手をしてもらった」というアンドリュー・ロマイン（現ホワイトソックス）は当時、こう振り返っている。

「コーチの球に比べたら、イチローの球は速くて（笑）」

おかげで実践に近い練習ができたそうだが、何より嬉しかったのは、「気遣い」だそう。

「いつ、出番があるかわからない。試合間隔が開くと、試合勘が鈍る。イチローもそれを経験しているから、その難しさを分かってくれた」

ただそうした一方で、イチローの置かれた状況を理解できる人はいなかった。誰も、経験したことがないからである。

同年5月3日の会見では、「野球の研究者でいたい」とスタンスを説明したイチロー。

2019年キャンプの打撃フォーム。最後まで打撃を追求した

「自分が今44歳で、アスリートとしてこの先どうなっていくのかっていうのを見てみたい。毎日鍛錬を重ねることで、どうなれるのかということを見てみたいという興味が大きい」

そのためにイチローが自分に課したのは、「1日（が終わって）帰るときにはもうくたくた」という状態だったという。大前提として翌年の復帰があるのだが、それはまだ遠い先の話。それよりは1日、1日に集中した。

するとシーズン最後の日に、こう胸を張っている。

「できることは全部やったので、そこそこ疲れています。ちょっと休みたいかな。そこだけを見れば完遂したということになるでしょうね」

それはやがて、誇りになった。

引退会見――。イチローは、達成感さえ漂わせていた。

「今日のあの舞台に立てたことというのは――。去年の5月以降、ゲームに出られない状況にあって。その後もチームと練習を続けてきたわけですけど、それを最後まで成し遂げられなければ、今日のこの日はなかったと思うんですよね。

今まで残してきた記録は、いずれ誰かが抜いていくと思うんですけど、去年の5月からシーズン最後の日まで。あの日々は、ひょっとしたら誰にもできないことかもしれないというふうな、ささやかな誇りを生んだ日々だったんですね。そのことは、どの記録よりも自分の中では、ほんの少しだけ、誇りを持てたことかなと思います」

結果として、19年のたった2試合、6打席のために費やした膨大な時間。何が残ったかといえば、誇りだけではなかったはずだが、悔いもなかった。

第3章

貫いたもの、貫けたもの

野球を愛したイチロー

引退の日。場内を一周してファンに別れを告げたイチローは、足早にクラブハウスへ。その後、隣のホテルで会見を行うことになっており、筆者も東京ドームを後にした。

会見で何を聞くか。質問はいくらでもあったが、多くのメディアがいることを考えれば、おそらく聞けても一人1問。頭の中で絞りこむ作業をしながら歩いているときにふと浮かんだのが、「貫いたもの、貫けたものは何だったのか?」という質問だった。

そこに伏線があったわけではない。

ただ引退後、改めてイチローの言葉をたどっていると、過去にこんなやり取りがあった。

マリアノ・リベラが大リーグ通算600セーブを記録した2011年9月13日の夜のことである。たまたまマリナーズが相手だったが、ほぼカットボールだけで勝負するそのリベラのスタイルについて聞かれたイチローは、敵ながら、どこか感慨深げだった。

「貫くのはすごいよね。まあ、言い方悪いけど、それでしょう、人の価値って。貫くこと、貫けるかどうかでしょう、生き方として。なんかいいなぁと思うよね」

キャリア終盤、シンカーを球種に加えたリベラだったが、それでも90%近くはカットボールだった。

「本人がそういう生き方をしているか分からないけど、投球ではそうであって、貫けることって、やっぱりすごいよね」

正直に言えば、すっかり忘れていたが、潜在意識のどこかにリベラを讃えるイチローの言葉がずっと残っていて、イチローの引退に際し、その引き出しが開いたのかもしれない。

その後イチローは、ヤンキースへ移籍。リベラとチームメートになるわけだが、2013年9月26日——リベラ現役最後のマウンドをセンターから見守った。このときも試合後は、「噛み締めたいというか、味わっていたいという思いは生まれますよね」としみじみ。

「ほとんど敵として戦ってきたわけですが、敵からすればもう悪魔みたいな存在が、この1年半は悪魔が神様に変わったという状況だった。そういう瞬間にいられたことは、今日もそうなんですけど、時間が経った後に、もっと特別なことだったんだなぁと思うんでしょうねえ。その大きな一つになると思います」


では、イチローが貫いたもの、貫けたものは何だったのか。

答えは、想定すらしていないものだった。

「野球のことを愛したことだと思います。これは変わることはなかったですね」

過去、近いやり取りがなかったわけではない。

2004年に年間最多安打を更新した夜には、記録を達成できた原動力を問われると、「野球が好きだということですね」と答えている。

なぜずっと野球が好きでいられるのか？　メジャー通算3000本安打を放った日には、そう聞かれてしばらく考えてから、「そんなこと、僕に聞かれても困りますけどねぇ。どうでしょう、うまくいかないことが多いからじゃないですか？」と答え、言葉を継いでいる。

「これがもし、成功率が7割を超えなくてはいけない競技であったら辛いと思いますね。3割でよし、とされる技術なので、打つことに関しては。これはいくらでも自分の志と言ったらちょっと重いですけど、それさえあればその気持ちが失われることはない気がしますけどね」

今回は「愛」。

いろんな含みがあったが、同じ引退会見では、そんな愛し続けた野球の魅力について、こう語っている。

「団体競技なんですけど、個人競技だっていうところですかね。やっぱり野球の面白いところなんですね。チームが勝てばそれでいいかって言うと、全然そんなことないんですよね。個人としても結果を残さないと、生きていくことはできないですよね」

両方がかみ合って初めて、満足が得られる。その両立が、難しい。しかし、難しいからこそ、追いかけたくなる。

「本来、チームとして勝っていれば、チームとしてのクオリティーは高いはずなので、それで

最後まで涙を見せず、笑みものぞいた深夜の84分（2019年3月21日）

いいんじゃないかっていう考え方もできると思うんですけど。決してそうではない。その厳しさが面白いのかな。面白いっていうか、魅力であることは間違いない」

そして最後にもう一言、付け加えた。

「後は、やっぱ、同じ瞬間がないということ。必ずどの瞬間も違うっていう。これ、飽きがこないですよね。うん」

その野球に、イチローはどう愛を注いだのか。

それは、試合が終われば、翌日のための準備が始まる終わりのないサイクル。24時間すべてをささげた。

24時間の使い方

2018年12月23日、恒例のイチロー杯

（イチロー杯争奪学童軟式野球大会）表彰式が、イチローの地元、豊山町社会教育センターで行われた。イチローがあいさつした後で子どもたちが質問する時間が設けられたが、ある子どもが、こんな質問をしている。

毎日、必ずやっていることはなんですか？

対してイチローは、「毎日僕が、カレーを食べているってみんな思ってるんじゃないかと思うんだけど、それは違います」と、みんなが想像していたであろうことを否定したものの、こう言って笑いを誘った。

「毎朝、食べてた時期もある」

そんなイチローの偏食は広く知られるところ。本人も引退会見で、認めている。

「家では、妻（弓子夫人）が料理をいろいろ考えて作ってくれますけど、ロード（遠征）に出ると、何でもいいわけですよねえ。多分、むちゃくちゃですよ、ロードの食生活は」

一時期、遠征先では必ず「カリフォルニア・ピザ・キッチン」というチェーン店のチーズピザをお昼に食べていた。それを知ったレッズのジョーイ・ボットが2016年の夏、イチローが遠征でシンシナティを訪れた際に、51枚のチーズピザを差し入れている。

「カリフォルニア・ピザ・キッチンが、シンシナティになくて、あちこち探したんだよ」

試合後、帰ろうとしていたボットが、日本人記者の姿を見つけると、わざわざ戻ってきて事の顛末を語り始めた。

「そしたら、ここから車で2時間ぐらいのルイビル（ケンタッキー州）にあった。さすがに配達してくれなかったけど、ちょうどそこにレッズのマイナーチームがあって、こっちに来るスタッフがいたから、運んでもらったんだ」

どちらかといえば気難しいタイプの彼が、そこまで手の込んだいたずらをしたことにも驚いたが、そもそもなぜ、イチローは同じものばかりを食べていたのか。ボットもそこに驚いたわけだが、その答えも、引退会見で明かしている。

「なるべくストレスがないような。まぁ、自分にとってですね。ストレスがないように、というふうに考えて、行動してきたつもり」

同じ店の同じメニュー。昼食という行動を自動化してしまえば、ストレスは最低限に抑えられる。また、そうして行動している限り、球場入りまで逆算して立てた予定が狂うとしても、その誤差は小さくなる。そのこだわりはもちろん、試合の準備のためであり、試合のため。すべての行動がそこに直結し、試合が終わればまた、翌日の試合に向けた準備が始まる。

2015年はマーリンズへ移籍して初めてのシーズンだったが、前半の最後にマイアミでの生活スタイルについて聞かれても、「生活自体、どこへ行ってもあんまり変わらない。球場と家を往復するだけ」と平然と答えていた。

「24時間、きっちり野球のために使ってますから。家にマシンを置くスペースがあるかとか、そういうことは変わるけれども、どこに行っても生活は変わらない。自分の家でなく、借りているというところもあるけどね」

すべての行動が、ある意味、ルーティン化されていた。

もっともそれは、イチローにとって当然のこと。２０１６年のシーズン最終戦の後も、「結果を出すためにかけた労力というのは、これまでと変わらない」と言い切った。

「いろんな起伏がありましたけれども、その中でも変わらなかったつもりですけどね、僕自身がやろうとすることは」

そこがブレれば、イチローはイチローでなくなる。

当然ながら、ベストなパフォーマンスを追求するうえでは、体調管理も徹底。イチローにしてみればそれも当然であり、最低限のことかもしれないが、最終的に大リーグで故障者リストに入ったのは1回だけだった。

「僕、いくらもらっていると思います?」

キャンプが始まって間もない２０１７年2月下旬、イチローは外野の守備練習中に、ブランドン・バーンズという選手と交錯して、右ひざ上部を打撲したことがある。

右中間の飛球に対して、センターとライトがそれぞれ声を掛け合い、もしも中堅手が声を出したら右翼手は引くという練習。このとき、イチローがセンターにいて声を出したが、バーンズには聞こえなかった。

イチローはその後、打撃練習を回避してクラブハウスへ。歩いて向かったので大事を取ったのだろうとしか映らなかったが、トレーナー室へ消えると、練習を終えて戻ってきた若い選手らが、入れ替わり立ち替わりイチローの様子を見にいった。心配なのではない。イチローが治療を受けているのが珍しかったのである。スマートフォンで写真を撮る選手もいれば、「治療に使った手袋を保存しておこう」とはしゃぐ選手もいた。

対してイチローも、「バンドエイドぐらいは（トレーナー室へ）取りにいったことがある」と話していたが、大げさでもなんでもなかった。

メジャーでプレーしている間、故障者リストに登録されたのは、２００９年３月にＷＢＣ（ワールド・ベースボール・クラシック）から戻ってきて体調不良を訴えると、胃潰瘍と診断されたときのみなのである。

もちろんそれまで、ケガがなかったわけではない。２００２年４月、ファールフライを追ってセーフコ・フィールド（現Ｔモバイル・パーク）のフェンスにひざをぶつけたときは4針縫った。２００９年8月、クリーブランドで行われたインディアンズ戦では一塁への走塁中に左ふくらはぎを痛めた。14年5月には、ミルウォーキーのミラー・パークでの試合中、ひざを折りながらスライディングキャッチをしようとしたところ、芝がめくれてひざと腰を痛めた。

ただ、いずれも長期欠場するほどではなかった。

胃潰瘍のときも、半ば強制的に故障者リストに入れられただけで、あのときはミネアポリスでシーズンが開幕したが、その頃イチローは、アリゾナ州ピオリアにある球団のキャンプ施設で、もう実戦形式の練習試合に出ていた。

結局、欠場したのは8試合。復帰戦で満塁本塁打を放つなど、胃潰瘍から復帰したばかりの選手とは思えなかったが、あのとき、自分で復帰のタイミングを決められたとしたらいつ戻れたか？　と聞くと、「開幕から」と平然と答えている。

あの年は、夏の終わりにふくらはぎの張りで休んだのと合わせて16試合の欠場。２００４年にシーズン通算安打を更新したときに近いペースでヒットを重ねていただけに、残念だった。


ところでその２００４年の最終戦を終え、「デビューから4年間、ほぼフル出場を続けたが、そこをどう自分なりに評価しているのか？」と聞くと、こんな答えが返ってきた。

「僕、いくらもらっていると思います？」

当然のこと、とでもいいたげ。そのために日々、24時間、準備を欠かさない。後に、こんな話もしている。

「苦しいし、気がのらないときもある。しかし、ファンがお金を払い、こっちはそれなりのお金をもらっているのだから、責任もある」

そんな思いが、イチローを駆り立ててきた。


２００７年7月にマリナーズと5年の再契約を交わしたが、その年、7年連続２００安打を記録した後で「使う側にとって（ケガの）リスクのない選手でいたい」という話もしている。

「けがしてますよ、ぼくも。けがしてるけど、出てるだけの話でね。特に契約した後って、使う側からしたらそういう不安はつきまとうわけでしょ。そういう選手でなくいたいよね、選手としては。『あいつならそんなことやりそうだな』とかって思われたらしゃくだもんね。そういうやつっているしさ、実際にね」

大きな契約をすると、色んな面で風当たりも強くなる。けがだけではなく、結果が出なければ、それだけで非難の対象ともなる。イチローとしては試合に出続け、ヒットを打つことで、それを盾とした。


さて、冒頭の衝突の後、バーンズのロッカーには、小さな紙が貼られていた。

「You're cut!」（お前はカットされた＝クビだ！）

１９８９年に公開された映画「メジャーリーグ」には、ロッカーの扉を開けてそこに細長い赤い紙が貼ってあったら、解雇、またはマイナー行きを意味するというエピソードがある。映画では、主人公を演じるチャーリー・シーンがチームメートにかつがれ、「どうして俺がクビなんだ！」と監督室に怒鳴り込んでいく。

バーンズ自体、いつマイナー行き、あるいは解雇を通告されてもおかしくない立場だっただけにきわどいジョークだったが、紙にはイチローのサインも添えられていて、それを見たバーンズの表情が緩んだ。

「これ、本物のイチローのサインなの？」

そうだと伝えると、「じゃあ、家に持って帰って、飾ろうかな」。

こういうところが、アメリカである。


実はあのとき、もう一つイチローの気遣いがあった。ぶつかった直後から強い痛みを感じたイチローだったが、声掛け練習だけは最後まで続けている。

「本当は、直後に（練習を）やめようと思ったんだけど、（バーンズが）かわいそうでしょ？」

そのままトレーナー室へ直行したら、バーンズは将来の殿堂入り選手をけがさせてしまったと罪悪感に苛まれるかもしれない。イチローは軽症を装うことで、その不安を取り除いた。

もっともその後数日、イチローは別メニューでの調整を迫られた。イチローにしてみれば、重症の部類ではなかったか。

岐路、そのときの選択

貫いたスタンスは多岐にわたる。例えば岐路に立ったとき、そこでどんな選択をするか。

先ほども触れた話だが、18年5月に選手登録を外れてから、チームに帯同して練習することを認められたとはいえ、想像を絶する孤独と向き合うことになった。漠然と現役復帰を目指すのではなく、東京での開幕戦という特殊な目標があったとはいえ、その時点では10カ月近くも先のこと。遠くはないが、決して近くもない。

「本当に可能なのか？」

多くが首をひねったが、イチローはむしろ、だからこそその道を選択したとも映る。

会長付特別補佐に就任したあの日、イチローはホームのユニホーム姿、いわゆる正装で会見に臨んでいる。強い決意の現れは、挑む頂きの高さを示していた。

そして19年のキャンプ初日。長い孤独の日々を乗り越えて現役復帰を果たすと、「誰もやってきてないことに挑戦するということを僕はいくつか結果としても残してきたことではある」と話し、胸を張った。

「誰かがやったことがあることよりは、誰もやったことがないことの方が飛び込んでいくという選択になる」

その言葉には、それまでも道なき道を歩んできた自負がうかがえた。2つの選択肢があれば、当然のようにより労力を伴うであろう方を選ぶ。イチローなりの哲学でもあった。

改めてキャリアを振り返ると、2012年にトレード志願をしたときも、そんな価値観を貫いた結果ではなかったか。

まずあのトレードは、イチロー自身が認めているように、本人が望んだものだ。

「オールスターブレークの間に自分なりに考え、出した結論は20代前半の選手が多いこのチームの未来に来年以降、僕がいるべきではないのではないか、ということでした」

確かに当時、マリナーズは世代交代を図っており、若手の台頭もあったが、そこまでイチローが若手の出場機会をブロックしている、という構図でもなかった。

ただ、前年に初めて、打率が3割を切った。2012年も決してイチローらしい打撃ができていたわけではない。契約は最終年を迎えており、チームが新しい方向性を模索する中で、そこに自分の居場所はない——そう察した結果とも聞こえた。

もっとも、本音はこっちか。

「僕自身も環境を変えて、刺激を求めたいという強い思いが芽生えた」

そのままいても再契約は間違いなかった。むしろ、若手が多いチームでは、必要不可欠な存在とも映った。だが、どちらがより挑戦的か。そこを基準とすれば、迷いはなかった。とはいえ、移籍先としてヤンキースは想定外ではなかったか。

あの年、シーズン後半が始まってすぐ、右ひじを痛めてリハビリを続けていたブレット・ガードナーが故障を再発させ、シーズン中の復帰が絶望視された。イチローはあくまでもその代わりであり、短期的な「つなぎ」でしかなかった。

またヤンキースは、ライトからレフトへの守備位置変更、打順は下位、相手先発投手が左の場合は、スタメンを外れることがある――という条件を出し、その受け入れをイチローに迫っている。

それは屈辱的でもあったわけだが、そこでも価値観が貫かれている。

「いろんなことを考える中でネガティブなことも考えました。でも、イエスと言えば、すごく前向きな挑戦が待っている。そのどっちを取るかっていうのはね、そこにそんな迷いはないでしょう」

色々と考えたが、そこにリスクがあったとしても、ポジティブな要素が勝る。

「決断に至るまではもちろん時間がかかりましたし、最後、決断が100％のものであったかどうかは実際のところは分からない」とも話したが、イチローはあのとき、マリナーズを去るという決断も含め、清濁併せ呑んだ。

ヤンキース移籍はその後、イチローを難しい境遇に追い込んだ反面、新たな価値観を見いだすことにも繋がっていく。

次の1本へのこだわり

2008年7月に日米通算3000本安打を打った夜、すぐに3001本目が出たことについてイチローは、「節目を超えた後の1本はすごく大事なので、あの1本は僕にとって、すごく価値のあるものでしたね」と答えている。

この一言にはある意味、イチローの記録へのスタンスが凝縮されている。一つの記録を達成すれば、また次の挑戦が始まる。そのためには、次の1本があってこそ。

2004年の春先のことなので、正確なやり取りは覚えていないが、こう言われたことをはっきり覚えている。

イチローはその頃、日米通算2000本安打に迫っていた。最終的な節目の一つはメジャーでの3000本だと思うが、そこをどう意識するのかと聞いた。それに対する、イチローの答えはこうだった。

「そんな先のことを見てたら、やってられないよ」

もちろん、大きな目標はある。しかし、大切なのは日々であり、次の1本。その積み重ねでしか、目標にはたどり着けない。その考えは、単にヒットの話にとどまらず、イチローの行動哲学全般に貫かれていた。

今から14年前の２００６年、第1回のワールド・ベースボール・クラシック（ＷＢＣ）が行われた。構想が明るみになったのは２００２年ぐらいのことだったが、選手の多くは当初、開催時期など、様々な課題があるとして、消極的だった。

今も選手やチームによって温度差があるのは否定できないが、一方でイチローは、当初から前向きだった。

「（大切なのは）やろうとする気持ちじゃないかな。それぞれの国がやろうとしなかったら、意味ないでしょ。その気持ちがみんなにあるのか、ないのか。その後のこと、例えばタイミングとかは、細かい問題だと思いますけどね」

選手らの目標はあくまでもワールドシリーズ。ＷＢＣに何の価値があるんだ？　と言う声も少なくなかったが、イチローはそれを含んで言った。

「最初から、価値ある大会にするのは無理でしょ。歴史がないんだから」

さらにこう続けている。

「何のリスクもなしに、そんなことはできないんだから、どこかにどうしてもリスクは生まれるわけで、不自由なく、というのは無理ですよ」

誰かが踏み出さなければ、何も生まれない。次世代に繋いでいくという意味でも、イチローはリスクを負う覚悟ができていた。

「1回目がなかったら、2回目もない。でも、歴史ってそうやって作られるものでしょ。積み重ねというか。まずやってみないと、どこがいいのか悪いのか、分からない部分もあるんじゃないですか」

その後WBCは、日本人の間では国民的イベントとなり、アメリカでもそれなりに認知される大会になった。イチローらが小さな一歩を踏み出したおかげだろう。

結局、イチローの価値観は、こんな一言に集約される。

「小さなことを多く積み重ねることが、とんでもないところへ行くただひとつの道」

2004年に年間の最多安打記録を更新したときの言葉だが、実はすべてに通じる人生の万能薬でもある。

フィールドでも変わらぬスタンス

プレースタイルでも、変わらなかったものがある。

「自分なりに説明ができるプレーはしたいというのは僕の根底にある」と話したことがあり、

その言葉は彼のワンプレー、ワンプレーに込められた思いを端的に表しているが、例えばイチローは、決してヘッドスライディングをしなかった。

それは故障のリスクを考えてのこと。仮にそのヘッドスライディングでチームに勝利をもたらすことができたとしても、結果としてけがをして何試合かを欠場することになれば、その方がチームに迷惑がかかる。

そもそもヘッドスライディングはただのパフォーマンスであり、本当に速いのか、という議論もあり、その試合を軽視しているわけではないものの、小を捨てて大に就く――言い換えれば、常に大局を見ていた。

また、大リーグでは一切、記録を達成しようが、大事な場面でヒットを打とうが、塁上で派手にガッツポーズをしたり、感情を顕にすることはなかった。

あのときもそうだった。

2009年のワールド・ベースボール・クラシック決勝。延長十回、2死二、三塁の場面でイチローは決勝タイムリーを放ったが、その時も塁上で平然としていた。送球の間に二塁まで進んだイチローはしかも、相手の動揺を見透かすように三盗も決めている。

ガッツポーズなどは相手に対する敬意を欠く行為ともいわれ、大リーグではそもそも報復の対象になりうるが、イチローにはあのとき、全く別の意図があった。

決勝打を放っても、感情を顕にすることはなかった

「普段と変わらない自分でいることが、僕の支え。この支えを崩してしまうと、今回のような個人的にタフな状況の中で、自分を支え切れないと思っていたので、常にそれを考えていました」

胃潰瘍で体調は最悪。それを悟らせることはなかったが、結果は正直。そんな中で自分を支えたのは、自分であり続けること。その姿勢もまた、最後まで貫いた。

なお、逆に凡打のときも淡々としていたが、一度だけ見逃し三振の後の抗議で退場処分を受けたことがある。

2009年9月26日のブルージェイズ戦。五回の3打席目に外角の球を見逃して三振を喫すると、思わずバットでボールの通った場所に線を引いた。それが侮辱的な行為とみなされ、日米通じて初の退場となったが、リプレーではボールが、イチローが線を引いた上を寸分違わず通過する様子を映し出していた。それはそれで、圧巻だった。

守備に目を転じると、やはり頭からスライディングキャッチをすることはなかった。同様に、フェンス際でリスクを冒すことはなかったが、一度だけ――たった一度だけ、フェンスに激突後、自分の体をコントロールできないような無謀なプレーを試みたことがある。

2008年5月26日にホームで行われたレッドソックス戦でのこと。五回1死一塁の場面で、ジェイソン・バリテックが放ったセンター後方の打球をイチローが追走し、フェンス際で捕球したものの、勢い余ってそのままフェンスに突っ込んだ。右足でフェンスを蹴り、とっさに衝撃を逃がそうとしたものの、勢いを殺しきれず、頭がフェンスにめり込む。倒れ込んだイチローは、しばらくフェンスの下で立ち上がれなかった。

そのプレーについては試合後、イチロー自身、「らしくない」と振り返ったが、もちろん、そこには伏線があった。

前日――ニューヨークで行われたヤンキースとの試合は、終盤八回に4点を奪われて逆転負けを喫したが、5対5とされ、なおも2死二塁の場面で、ホセ・モリーナの打球が右中間の深いところへ飛んだ。

このときマリナーズの外野陣は、やや浅めの守備隊形を敷いていた。シングルヒットでは二塁にいた松井秀喜をかえさない、という狙いがあった。ところが、これが裏目。センターのイチローが追ったが、わずかに届かなかった。

しかしながら試合後、「捕れたんじゃないか」という空気をイチローは感じたという。それで翌日、珍しくムキになった。

「結構、イラッと来てたんですよ。そのストレスがあったことが、一番の原動力」

それもまたイチローらしくなかったが、ときは2008年。そもそもクラブハウスの空気は最悪で、それも一因となったか。実は、あのヤンキース戦の八回を巡っては、こんな話も。むしろこちらが真相か。

それは、2死二塁になる前のプレーである。あのとき1死一、三塁でロビンソン・カノーがセンターへフライを打ち上げた。捕ったイチローは、三塁走者のアレックス・ロドリゲスを刺そうと、ホームへダイレクトスローを試みたが、間に合わなかった。その送球の間に一塁走者だった松井が二塁へ進んでいる。

その松井が続くモリーナの右中間二塁打で決勝のホームを踏んだわけだが、イチローがカットマンに返していれば、松井の進塁を許すことはなかった。そうすればあの回、逆転されることもなかった——一部のチームメートは、そうイチローに非を向けたのである。

本当にイチローが、無理なタイミングでホームに投げたのか。なぜ、カットマンに返さなかったのか。そこは確認が必要だが、全体を俯瞰すると、問題のすり替えも見られる。

あの回、無死二塁でマウンドに上ったＪＪ・プッツは、ロドリゲスを歩かせてまず一、二塁となった。ジェイソン・ジアンビを見逃し三振に仕留め、続く代打の松井も二塁前のボテボテのゴロに打ち取ったが、打球を処理したプッツが一塁へ悪送球して、二塁走者が生還。その間にロドリゲスは三塁まで進んだ。問題の場面――カノーの犠牲フライは、その直後のことだった。

そこを棚に上げて――という一面があの一連のプレーには隠れているが、当時の選手は後にこう語った。

「もし、イチローがカットマンに返していたら、それも非難されていたと思う。『イチローの肩なら、足の遅いアレックスを十分に刺せた。なぜ、そんな消極的なプレーをするんだ』ってね」

改めて触れるが、あのワンプレーは２００８年の息苦しさをある意味、象徴していた。

変わらない価値観　チームメートへの評価から

「貫くのはすごいよね。なんかいいなぁと思うよね」

この章の初めで、イチローがマリアノ・リベラを評した言葉を紹介した。そこには、砕けた表現ながら最上級の敬意がうかがえたが、そうしてときにイチローがチームメートだったり、相手選手について語った言葉をたどると、その中にイチローの価値観、あるいは大切にしているものが透けてみえる。

2016年は6月に日米通算ながらピート・ローズの大リーグ通算最多安打記録を更新し、8月には大リーグ通算3000本安打を放ったイチロー。記録イヤーとなったわけだが、マーリンズも最後まで、プレーオフを争った。

しかし、9月25日にホセ・フェルナンデスが深夜のボート事故で死亡。その後チームのプレーオフ出場の可能性も遠のくと、多くの選手が目標を見失い、シーズンの最後を覇気のない状態で迎えようとしていた。

その状況に対しイチローは、「いろんなことがこの2週間で見えました」と静かに振り返り、どこか失望を滲ませている。

「ホセのことがあって以降、この終わってしまった何日間でも」

具体的に何が見えたかは言葉を濁したが、一方でポジティブなものも見えた。

「AJ・ラモス。地味ですけど、彼は最後まできっちりやりましたよね」

クローザーのラモスは、9月だけで8セーブをマークし、その年のセーブ数を40に乗せた。

「あの感触は初めてじゃないですかねえ。ここに来てもちろんですが、そういうのはAJだけだったし、（ヤンキースの）ベテランにいたと思うんですけど、AJは良いですねえ。僕の見た、感性と価値観でいうとね、ということですが。AJは一番好きになった選手かもしれないですねぇ」

消化試合になろうが、最後まで集中力を切らさず、自分のすべきことを全う。前年の32セーブがフロックではないことも示した。

なお、その言葉をラモスに伝えたことがある。

彼は翌年7月、メッツにトレードされ、最初の試合がシアトル遠征だった。彼とゆっくり話したのはそのときが初めてだったが、実はイチローがこうこう、こんな話をしていた――と伝えると、彼は、言葉をなくした。

「そうだったのか……」

てっきり知っているのかと思っていたが、「いや、今初めて聞いた」。

その後もうまく言葉を継げず、「イチローが、そんなことを言っていたなんて……」とかろうじて絞り出している。

「彼が自分のことを見ていたことも知らなかったし、そんなふうに思ってくれていたとは……」

その後、決して大げさではなく、ラモスは少し目を潤ませながら「尊敬しているイチローからそう言ってもらえたのは、自分にとって最高の賛辞。こんなに嬉しいことはない」と頬を緩めた。

かつて、ヤンキースでチームメートになったデレク・ジーターについては、引退に際し、こんなことをイチローは言っている。

「いなくなってから大きな存在を示す数少ない人だと思います。いるときにそれができる人はいると思うけど、いなくなってから、どれだけジーターに守られて来たのか、それは選手、コーチ、監督だけでなく、メディアもそうなんじゃないの？　ジーターに支えられて来たと痛感するんじゃないかなぁ」

２０１４年9月25日、その年限りでの引退を表明していたジーターが、ホーム最終戦の最後の打席でサヨナラヒットを放った。

「もう、この展開になることがありえないというか、漫画でもやりすぎですからね。それが目の前で起きて、それで本当に決めるんだからね。もう……。考えられない。あそこで（打順が）回ってくること自体が」

その日は、イチローにとってもピンストライプのユニホームでプレーする最後の機会ともなったが、ジーターの魅力については、「ありのままだからじゃないですか。ありのままの人だから、ということに集約されると思いますねぇ」と彼の人柄を挙げた。

「ジーターの場合、やっていることに言っていることが伴っている。だから、人の心が動く。それは当然だと思う。聞いている人にそれが本物の言葉かは、分かるでしょ？　人を見て来た

ジーターの現役最後の試合。イチローも同じフィールドに

人たちには。誰が言うか、ということが、ジーターは完全にできている。同じことを言っても、意味が変わるだけの蓄積がある。悪いことを見つけようとしてもないもんねえ。人間、欠点はあると思うんだけれども、この人に関しては、欠点がないことが欠点」

そういうイチローも、行動と言動の一致に関してはブレがない。

引退会見でイチローは、「小さな子どもなのか、中学生なのか、高校生なのか、大学生なのか。分からないですけど、そこには興味はありますね」と指導者としての今後に含みをもたせた。

すると19年12月、イチローはプロ野球関係者らが学生野球を指導する資格を回復するための研修会に参加。20年２月、審査を経て正式に資格回復を果たしたが、イチローもまた、発言に責任を持ち、実行に移してきた。だからこそ、多くの人が、彼の言葉に耳を傾けるのだろう。

ところで、目指したところで敵わず、端から別格とイチローが位置づけていたのは、ケン・グリフィーJr.だった。

「中途半端な人間がいたら、そういう人を抑えることができる。順番をつける人間がいるとしたら、そういう人間にとっては、大きい存在に見える。そうじゃない人にとっては、最高のチームメート」

2010年6月2日、グリフィーJr.が引退した試合でイチローはサヨナラヒットを放ったが、「野球界においての歴史的なスーパースターで、そういう存在なのに、人の気持ちを知ろうとするし、察しようとするし、人の心の痛みが良く分かる人だった」と静かに語り、続く言葉に思いを込めた。

「それは多分、ジュニア自身がそういう思いを常に抱いていて、せめて、野球場だけでも楽しくしていきたいという思いからああいう立ち振る舞いになっていたと僕は思うんですよね。そのことから感じたものが、ものすごく大きかったですね。だから、選手としてどうというのは超越していて、人間・ケン・グリフィーJr.っていうのが、僕の中では偉大な存在だった」

そもそもイチローがメジャーに興味を持ったのはグリフィーの存在だったわけだが、最後の試合でイチローが守備位置から戻ってきたとき、最後にダグアウトでイチローを迎えたのがグリフィーというのも、何かの縁だった。

第4章　イチローが背負ってきたもの

自分に対する責任、自分が負っている責任

こんなことがあった。

2010年7月18日のエンゼルス戦。延長十回表、先頭のイチローが四球で歩き、犠牲バントで二塁へ進んだ。3番フランクリン・グティエレスの打球が三遊間へ転がると、イチローはスタートを切ったが、ショートの守備範囲内。イチローは二、三塁間で挟まれた。

試合後、その場面について問われたイチローは、「ワンアウトで、抜けてかえれない選択肢は、僕に許されない」と説明した。

「挟まれたらもう、打ったランナーを二塁にやるっていう、これはもうプライオリティの問題ですね」

抜けたのを確認してから走れば、アウトにはならなくても、ホームにはかえれない。しかしながら、イチローなら、という期待をかけられている以上、その選択肢は排除されている。

「走塁は難しい、ということですね」

イチローは静かに続けた。

「あれはもう、スピードのない選手には絶対に起きないことですから。（スタートを切らなくても）別にその後、何を言われることもない。スピードのある選手はあれを考えて、実際、あ

そこで行く勇気はすごいことだと思うし、でも結果ああなると、つらい立場に急になる──理不尽なところがありますから、そっちを考えますけどね、僕は」

翌年９月14日にも、似たようなシーンがあった。

1点を追う九回裏1死、イチローはヤンキースのクローザー、マリアノ・リベラからレフト前ヒットを放って出塁。２死後、二盗を試みたものの、惜しくもアウトとなり、試合の幕も同時に閉じた。

リベラはその試合でメジャー通算６００セーブを達成したわけだが、歓喜に沸くヤンキースナインの脇を抜け、イチローは小走りでダグアウトへ戻っている。

２死二塁ならワンヒットで同点。その前提としてまず、ベンチもファンもイチローの盗塁成功を期待した。ただもちろん、失敗すれば、試合終了となる。

「ああいう局面でスタートを切ることは、勇気のいること」

結果は後者となったが、イチローがイチローである以上、なんとかしてくれるだろう、という期待を背負わされる。本人もそれを自覚していた。

「あそこでいくことを止めたら僕はね、やっぱり、あそこで次もいけるかどうかだからね、結局、僕の価値っていうのは」

プレーの大小は関係ない。息苦しさを感じていただろうが、それは、実績や期待の大きさと表裏一体。その状況を作り出したのはイチロー本人という矛盾もあったが、いつしかイチローの価値はあらゆる場面で問われ、成功すれば当然とされ、失敗すればその責を負わされ、それを理不尽と呼ぶなら、それもまた宿命だった。

もっとも、イチローが背負っていたものはそれ以上か。

第1章では、イチローが2009年に日米通算3000本安打を放ったとき、こう話したことを紹介した。

「94年、200本打って、210本打って、給料が10倍になったわけですよね。あのときから、自分に対する責任、自分が負っている責任というものを、考えるようになりましたね。まだね、給料が安いときっていうのは、そういうことを考えない。自分のことしか考えない。でも、自分の行動や発言によって大きな影響が出るということを、あの年に自分で知ってしまったわけですよね」

同様の責任――、大リーグでも移籍1年目にいきなり首位打者、新人王、MVP（最優秀選手）を獲得し、2004年に大リーグの年間最多安打記録を更新すると、イチローはそこにひも付けられた責任感を知ることになる。

その重みはわかりやすいところで言えば、チームの成否に比例したが、勝てない状況が続くと、スケープゴートにされるのも常。そこでせめて最低限の仕事をしよう――例えば、記録を追いかけると、それはそれでセルフィッシュだとレッテルを貼られ、ゆがんだ感情を招く。

それは限られた選手にしか向けられないものであったが、その見えないものとどう向き合い、共存、あるいは克服していくか――ということはある時期からイチローが、強く意識したものではなかったか。

なりふり構わない自分でありたい

そのことを広く宣言する形になったのは、2007年のこと。キャンプ初日を迎えたイチローは、こう1年のキャッチフレーズを設けた。

「なりふり構わない自分でありたい」

契約最終年。自身としても一つの節目を目前とし、3年連続でチームが大きく負け越している中での決意は、言葉に出して、何かを超えていこうという意志の現れとも映った。

さらには、「思い切ってやる。ナイスガイなんかになりたくない」とこれまでにない強い口調で、自らを鼓舞している。

状況次第では、再契約できないと判断したチームが世代交代にかじを切ってイチローをシーズン途中でトレードする可能性もあり、本人も、「可能性という言葉を使うなら、どんな可能性だってある」と否定しなかったが、そうした雑音は早々に消えた。

2007年はレッドソックスへ移籍した松坂大輔との再戦も実現した

開幕当初こそ出遅れたものの、5月7日から6月1日まで25試合連続安打をマークしたイチロー。これは当時の自己記録でもあり、球団記録でもあったが、呼応するように、チームも首位エンゼルスをピタリと追走し、6月終わりから8連勝すると、その差を4ゲームに詰めている。

その余勢を駆って出場したサンフランシスコでのオールスターゲームでイチローは、大リーグの球宴では史上初となるランニングホームランを記録するなど3打数3安打で、MVP（最優秀選手）にも選ばれた。

直後にマリナーズと2012年まで、5年間の再契約を交わす。

「アウェーのファンが『来年はうちのチームに来てくれ』と言ってくれたんですね。正直、心が動いた時期もありました。『日本に戻ってくれ』ともたくさん聞きました。でも、最終的には、『シアトルに残ってくれ、来年も』という声が僕にとっては一番重かった」

その時点でトレードの可能性は消滅し、マリナーズも8月終わりにはエンゼルスに1ゲーム差と迫っている。

残念ながら、チームはそこで息切れ。直接対決で3連敗するとプレーオフの望みを実質的に絶たれたが、一方でイチローは最後の最後まで首位打者争いを演じ、ファンを沸かせている。

その首位打者レースでは最後、惜しくもマグリオ・オルドネス（タイガース）に振り切られたが、シーズンの総括会見でイチローは、「素晴らしい」とオルドネスを称賛し、自身については、清々しささえ漂わせ、こう言ったのだった。

「やり切った」

その口ぶりは自信に満ち、どうだ、とでも言わんばかり。

「自分への負荷をかけていったし、それを避けてきたシーズンとではやっぱり違う」

2007年は、重圧と正面から向き合い、力づくでねじ伏せた。

翌2008年。今度は一転、テーマが意味深なものになった。

「10ではなく、今年は7、8割でプレーしたい」

さらに名古屋弁で続けている。

「遊んどるなと思わせたい」

それは、前年の勢いを象徴し、同時に心の余裕を映しているようでもあったが、前半終了までに日米通算3000本安打達成、シーズン終了までに日米通算で張本勲氏（＝野球解説者）が持つ日本プロ野球の最多安打記録（3085安打）更新という目標は、いずれも実現できなかった。

そもそもイチローが、いついつまでに、と具体的に数値の突破目標を掲げたのは、後にも先にもこのときだけだったが、シーズンが終わると、失意を隠さなかった。

「追いかけ回してたのに、追いかけ回されている感覚でやってた感じかな。ようは記録をずうっと追っていたのに、何かに追われているイメージが、ずっと付きまとってプレーしてた」

チームも早々にプレーオフ争いから脱落。前年終盤のつまずきをそのまま引きずった。

2007年の最終戦で、「エンゼルスに1ゲーム差まで近づいたけど、あれは出来すぎ」と振り返ったイチロー。「いいチームだったとは思いますよ。でも、普通じゃなかった。いい方向に向きすぎていたと思いますね」と話したが、それよりも08年5月の段階で、「クラブハウスに変な形で出てきている。『ちょっと君、まだ早いんじゃないの』っていう人がいます」と危惧したことが、現実となった。

打撃コーチ、ゼネラルマネージャー、監督が早い段階で次々に解雇され、その中で記録にフォーカスすればするほど、逆にそれにとらわれ、自分らしさを見失う悪循環。

シーズン前に掲げた「10ではなく、7、8割で」という目標も、「全然できてない、そんなの。必死やったもん。それに関しては、全くですね」と首を振り、「遊んどるなと思わせたい」というテーマについても、「聞かないで。それもできてないですよね。むしろ、遊ばれてましたよ、最初は」と歯切れが悪かった。

かつて、「やりたいと思うとプレッシャーがかかる、やれると思うからプレッシャーがかかる」と話したことがあり、そうした部分も含め、前年の経験から、背負っているものとの距離感をようやく掴んだ、あるいは取り扱い方を把握した――という自信が開幕前に感じられたものの、その手にしたかに見えた手応えは、両手ですくった水がわずかな指の隙間からこぼれるかのごとく、はかなく消えていた。

初めて、力を抜けるんじゃないか

かといってイチローは、それを避けるのではなく、やはり正面から向き合い続けた。

2009年はWBC（ワールドベースボール・クラシック）があって、明確な形でのキャンプ初日がなかった。よってその年のスローガンを語る機会もなかったが、2010年のキャンプ初日には、「去年のシーズンを過ごして、春から色んなことがあって、途中も色んなことがあって、最終的に目標を達成して、というシーズンを経て、なんとなく新しい僕のスタートというか、ようやくその礎ができたという感覚を持った」と手応えを口にし、こんな境地に至っている。

「初めて力を抜けるんじゃないか、ってことが達成されるんじゃないかなっていうような期待を持った。これまでは、力を入れっぱなしでしたから」

今度こそは――。

メジャー10年目。何を試みようとするのかと問われると、「試みないです」と返したこと自体、肩の力が抜けていた。

「勝手にそうなると思ってるから」

イチローはそこから、さらに踏み込んだ。

「これまでは分かりやすい２００本っていう目標があって、もちろんあるんですけど、そこを口にすることって、なんか『必要ねえな』っていう感じなんですよ。そういうことがつまらないっていうかね。『今年も10年続けて、２００本達成したいです』っていうのが、つまらないなあって思うんですよね。去年のシーズンを考えれば、できないはずがないんですよ、そんなものは。できないはずがないものをわざわざ言うこともない」

ヒットを打つ技術に関しては、前年に摑んだ感覚が、これまで以上に確かなものになっていた。

2009年4月15日、満塁本塁打で張本勲氏の最多安打に日米通算で並ぶ

「94年の数字と感覚——これがいろんなものを見るときに物差しになることが多いんですけど、（２００９年は）それに近い感覚になる、というシーズンだったと思います。ただ大きく違うことは、野球っていうものが楽しいだけの競技だった94年と、いろんな思い、怖さであったり、自分だけじゃない期待だったり、外的要素を含めて、いろんなことを知った15年後の僕が残した数字。それは全く違うものではあるんですけど。まあ大きな物差しにはなるでしょうね」

そこへ達したからこそ、新たな世界観の入り口に立てた。

「見ている人の気持ちが動いてくれたり、ハッとしてくれたり。そういう瞬間が多いといいなあって」

それは、「目的となってはいけない。結果

としてそうなったらいいなぁということ」と前置きしたが、「それができるんじゃないかなぁ」と自分に期待している。

おそらく、それなりに自信もあったのだろう。ただし、結論から言えば、あのときも見えない何かに跳ね返された。

「期待してもらってたし。こういうシーズンがあると、なかなか春の段階で、難しいですね、目標を口にすることは」

年が明けて前年を振り返ったとき、「去年も（力を抜けるという感覚は）得られなかった」とどこか弱気。「今年も結果を残すことは大前提として——残さなくてはいけないですけど、それ以外の何かを表現したいとは思うものの、それが具体的に何か、というのは分からない」と言葉を濁した。

「（去年のように）結果はその後からついてくるという感覚も持てないだろうし、持ちたくもないな、という感じ。しっかり結果を追い求めて、追いかけて、そうしたいと思ってます」

だが、この年はついに年間200安打が途切れ、打率も初めて、3割を切った。

ところがシーズンが終わって喪失感を聞かれると、「今までずっとやってきて、寂しさが来るかなぁと思ったんですけど、そんな感じでもないんですよね。ひょっとしたらすごく動揺する自分が出てくるかなぁとも思ったんですけど、それはないんですよ」とイチロー。

「それは多分、難しいと感じてきて、ギリギリのところでやってきた、という自負があるからでしょうね」

強がりではなく、イチローの表情には別の達成感が漂っていた。

背負ってきた重みの一つからも解放されたかのようで、記録が途絶えてその感覚を得たのは皮肉だったが、記録を積み重ねた選手にしか、見えない景色ではなかったか。

その記録――ではいったい、イチローはどれほどのものを積み上げてきたのか。

第5章

記録とは。そこにあるイチローの世界観

イチローの記録の特殊性

2007年9月、マリナーズの取材でニューヨークを訪れた際にクイーンズにあるカルバリー・セメタリーへ足を運んだ。

墓地全体が自然の地形を利用して作られており、小高い丘の上まで来るとイーストリバーの対岸に、マンハッタンのスカイラインが広がっていた。

その墓地には1894年から1901年まで8年連続で年間200安打以上を記録したウィーリー・キーラー（オリオールズなど）が眠り、事前に調べた墓の位置は、「Section 1W, Range 15, Plot B, Grave 5」となっていた。墓地内の住所のようなものである。それをたどればすぐに見つかると思ったが、墓地全体の広さは想像を超え、頼みの管理事務所もない。もちろん一定の法則があるのだが、それを把握するまで随分時間を要した。

近くまで来ると、一つ一つ、名前、生年月日、没年月日を確認。ようやく探し当てたキーラーの墓石は周りと比べても比較的小さく、見落としそうなぐらいだったが、イチローが追いかけていた選手の生きた証が、確かにそこにあった。

ちょうどそのニューヨーク遠征で、イチローはロジャー・クレメンスから本塁打を放って7年連続年間200安打を達成し、キーラーの大リーグ記録まであと1年と迫っていた。

もっとも、2つの記録を比較する自体、本来は無理がある。

かたや4割打者が普通にいたころの話。キーラー自身も1897年に4割2分4厘をマークしている。この年のリーグ平均打率は2割9分2厘。キーラーが連続200安打を放った8年（1894〜1901）を見ると、歴代のリーグ平均打率において、1894年が1位（.309）、1895年が2位タイ（.296）、1897年が5位（.292）、1896年が7位タイ（.290）と、軒並み上位を占めている。

1900年以前の野球に関しては、ルールも今とは異なり、よって記録を比較する場合、近代野球が始まったとされる1901年以降を一つの基準とすることが多いわけだが、イチローは、前近代の打者に有利なルール下で生まれた記録をも掘り起こし、ファンの興味をかき立ててきた。

翌2008年、イチローはキーラーに並び、2009年に9年連続として大リーグ記録を更新するのだが、おそらくイチローがキーラーに迫らなければ、墓を訪れようとは考えなかっただろうし、昔のルールに触れることもなかったかもしれない。それは紛れもなくイチローの記録を調べる際の楽しみの一つであり、イチローがどんどん過去へタイムスリップさせてくれる。

そういえば、2017年にもこんなことがあった。

7月18日、イチローは、リッキー・ヘンダーソン（アスレチックスなど）の通算安打（3055安打）を更新。そのとき、マーリンズの球団広報は歴代単独23位と発表したが、大リーグの公式ページ（MLB.com）では単独22位だった。マーリンズに確認すると、「エライアスからデータ提供を受けた」とのこと。エライアスとは、大リーグの公式記録を扱う「エライアス・スポーツ・ビューロー」のことで、公式ページも本来なら、エライアスのデータを利用していておかしくないのだが、実はそうではない。

例えば、1897年に引退したキャップ・アンソン（シカゴ・コルツなど）という選手の通算安打に関して、エライアスは3081本としているが、MLB.comでは3011安打となっている。この差がイチローの歴代順位にも影響しているわけだが、理由は1887年の安打数の捉え方にある。この年、大リーグでは四球も安打数に加算した。エライアスは当時のルールを尊重し、アンソンの60四球を加えて同年の安打数を224本としているが、MLB.comでは四球を安打とはみなさず164安打としている。

残る10本の差についてははっきりしないものの、彼の通算安打に関しては、3435本とする説もあり、高い信頼性を誇る「baseball-reference.com」（以下BR）などが採用している。これはアンソンが1871年から75年までナショナル・アソシエーション（以下NA）というリーグでプレーしており、そこで放った423安打を加えているわけだが、エライアスも

MLB.com もNAでの安打数は認めていない。

同様のケースで有名なのは、タイ・カッブ（タイガースなど）の通算安打数。MLB.com は４１９１本となっているが、BRでは４１８９本だ。

この原因は判明しており、１９８１年４月、大リーグ歴史家のピート・パルマが、１９１０年のシーズン最終戦でカッブが放ったのは２安打だったのに、４安打と記録されていることを発見した。以降、BRなどは４１８９安打説を採るようになったが、なぜかエライアスとMLB.com は現在に至るまで認めていない。

また、２００４年にイチローがジョージ・シスラーの年間最多安打記録を更新したときには、「レトロシート」という組織の存在を知った。

彼らは、読者にも提供を求めつつ、１９８４年以降の全試合のボックススコアを集めている。あの年、彼らのデータをもとにシスラーの足跡を追ったが、イチローの記録を掘り下げていくと、そんなところまでたどり着くのである。

５年前、10年前の記録を破ったということならデータも豊富で、確認も容易だ。イチローの記録の場合、80年前、１００年前ということも珍しくないから厄介。しかし、だからこそ面白い。

なお２００７年、イチローは７年連続で２００安打、１００得点、30盗塁をマークした。それまでカップとキーラーがそれぞれ6度記録していたが、イチローはそれを連続で超えている。あのときは100得点が最後だったが、イチローに古い選手を蘇らせる感覚はどういうものかと聞くと、こんな答えが帰って来た。

「最近、僕がかかわる記録ってそういうのが多い。まぁ、またかって感じだね」

余談ながら、イチローもキーラーの墓を訪れたことがある。

そして2009年にオールスターゲームがセントルイスで行われたきには、同地で眠るシスラーの墓参りをしたことを明かした。

場所を調べてみると、球場からさほど遠くないので、ホームランダービーが行われている最中に抜け出して行ってみると、その墓地は、せいぜいテニスコート2面分くらいの広さしかなかった。これならすぐに見つかるかと思ったが、外灯などはなく、陽が落ちると、漆黒の闇に包まれた。月明かりも周りの高い木々に阻まれ、届かない。

携帯電話の光を頼りに探したものの、なかなか見つからず、諦めかけたそのとき、光の先に白い百合の花が浮かび上がっている。歩み寄ると、その横にシスラーの名前があった。

誰が花を添えたのか。それは想像力を働かせるまでもないが、ふと見上げると、無数のホタルが、闇夜に舞っていた。

破られないであろうメジャー記録

イチローの年間262安打と10年連続年間200安打は大リーグ記録だが、今後、超える選手が現れるのかどうか。

引退会見では、現役時代の記録への意識について、「僕ら後輩が、先輩たちの記録を抜いていくのは、しなくてはいけないこと」と話したイチロー。引退後の境地としては、「今まで残してきた記録は、いずれ誰かが抜いていくと思う」と語ったが、なかなかハードルが高い。

瞬間的なら、262安打を超える選手が出るかもしれないが、イチローを慕い、2015年に年間205安打を放って、打率.333で首位打者にもなったディー・ゴードンは、その可能性も否定した。

「2015年は、自分でも面白いようにヒットが打てた。でも、それでも205本だ。262本なんて、あとシーズンが1カ月長くても、届かない。あの年の感覚でいえば、月にあと5本ぐらいは上積みができたかもしれない。それでもプラス30本。つまり、230～240本が限界。それ以上打てる選手が今後、出てくるなんて想像できない」

以下に、大リーグの年間安打トップ10を列記する。

・大リーグ年間安打トップ10

1. イチロー　262本（2004）
2. ジョージ・シスラー　257本（1920）
3. レフティ・オドール　254本（1929）
3. ビル・テリー　254本（1930）
5. アル・シモンズ　253本（1925）
6. ロジャーズ・ホーンスビー　250本（1922）
6. チャック・クライン　250本（1930）
8. タイ・カッブ　248本（1911）
9. ジョージ・シスラー　246本（1922）
10. イチロー　242本（2001）

イチロー以外の数字は、かなりの年月が経っている。

ここ30～40年に限定すると、ダレン・アースタッド（エンゼルス）が2000年に、ウェイド・ボッグス（レッドソックス）が1985年にそれぞれ240安打を放った。1977年にロッド・カルー（ツインズ）が239安打、1986年にドン・マッティングリー（ヤンキース）が238安打を記録しているが、やはりそこが上限。ゴードンの分析に矛盾はない。

ただ、それ以上に難しいのは、10年連続200安打ではないか。

2014年、ホセ・アルトゥーベ（アストロズ）が225安打を放った。その後、4年連続で年間200安打を記録し、彼ならイチローに挑戦するのでは——と思われたが、2018年は故障で通算安打が169安打にとどまり、あっけなく記録が途絶えた。

そもそも年間200本のヒットを打つことも難しいが、大きな怪我をすることなく10年間プレーし続けること自体、容易ではない。アルトゥーベがそのことを改めて教えてくれた。

そして、さらに不可能と考えられているのが、同じ選手が年間最多安打と10年連続200安打を更新することか。

瞬間的な爆発力を必要とし、さらに長期にわたって安定した数字を残さなければならない。この2つの記録を両方とも塗り替える選手が今後、出てくるとは想像し難い。

こんなデータもある。デビュー4年目から10年目まで、それぞれの期間でもっともヒットを打ったのは誰かを調べたものだ。

4年間の通算安打　イチロー　924本（2001〜2004）
それまでの大リーグ記録　ビリー・テリー　918本（1929〜1932）
5年　イチロー　1130本（2001〜2005）
同大リーグ記録　チャック・クライン　1118本（1929〜1933）
6年　イチロー　1354本（2001〜2006）
同大リーグ記録　ウェイド・ボッグス　1274本（1983〜1988）
7年　イチロー　1592安打（2001〜2007）
同大リーグ記録　ジェシー・バーケット　1526本（1895〜1901）
8年　イチロー　1805本（2001〜2008）
同大リーグ記録　ポール・ワナー　1680本（1927〜1935）
9年　イチロー　2030本（2001〜2009）
同大リーグ記録　ウィーリー・キーラー　1905本（1894〜1902）

10年　　　　　　　　イチロー　２２４４本（２００１～２０１０）
同大リーグ記録　　　ピート・ローズ　２０６７本（１９６８～１９７７）

４年目以降10年目まで、イチローがすべて更新してしまった。もちろん、公式に認知されている記録ではないが、これらを今後、塗り替える選手が出てくることも、やはり想像し難い。

ところで、こうした記録を遠い将来、イチローを知らない若い野球ファンが知ったとき、どう思うのだろう。キーラーやシスラーはどんな選手だったのか――と、今のファンが当時の野球に思いを馳せるように、イチローが輝いた時代の野球を懐かしむのか。

なおイチローは日米通算で４３６７本（大リーグ通算３０８９安打、日本プロ野球通算１２７８安打）のヒットを放った。もちろん参考記録だが、この数字も記録としては突出している。

仮にイチローが、20代前半で大リーグに来ていたら、大リーグ通算安打はどこまで伸びていたのか。「タラレバ」ではあるが、２００９年に日米通算ながら３０００本安打を達成した日に、イチローはこう話している。

「そこはもう言ってもしょうがない。日本で積み上げてきた――安打だけではなく、凡打のなかにも、僕の技術を磨いてくれたものがある。日本時代に養われた技術――僕は、こちらでそれを使ってヒットを打ってるわけですよね。ですから、そんな発想はしない。例えば、10代、18、19の時に来てたら、とは考えない。そもそも技術がまだないんだから。だからそのときに来てたら、今の僕はない可能性の方が高いんじゃないですか。そういう発想は考え方も含めて日本時代に養われた」

かといって、日米通算が過小評価され、日本のレベルなんて――という風潮には抵抗を覚えるよう。

「日本は、金属バットを使っているわけじゃない（笑）」

こうも言った。

「アメリカの人の中には、日本でのヒットなんか、みたいなものが絶対あると思う。でも、申し訳ないけど、アメリカでのヒットのペースの方が速いんですよということは、それを言われたら、そう言い返しますけどね。だから、日本の方がレベル高いんじゃないの、みたいなことは言えますよね。ペースが上がってしまっているので。それが武器だよね。落ちてて、試合数だけ多いからっていうのだと、ちょっと弱いけどね。そこはちょっと、誇りにしてるところ」

イチローの日本での1試合平均安打は1・34本。この発言をしたのは2009年だが、その2009年を終了した時点で、メジャーでの1試合平均安打は1・42本だった。

ちなみに日本のレベルをムキになって否定したのは、通算安打の大リーグ記録（4256安打）をイチローに日米通算で抜かれたピート・ローズである。

ローズと記録

２０１６年６月上旬、イチローが日米通算ながらピート・ローズの大リーグ通算安打記録（４２５６安打）に肉薄していた。当時、ローズはイチローの記録をどう見ていたのか。

「日本のヒット数を加えるなら俺のマイナー時代の安打数も加えろ。みんな、俺のことをヒットクィーン（２番目）にしようとしている」

ＵＳＡ ＴＯＤＡＹ紙のボブ・ナイチンゲール記者にはそう答えていたが、文字面だけではどうにもニュアンスが分からない。冗談で言っているのか。不満を漏らしているのか。嫉妬しているのか。本気で怒っているのか。

実際に話を聞こうと、様々な方法でローズにコンタクトを試みたが、インタビューの許可が取れない。マネージャーの携帯電話に連絡しても繋がらず、メールをしても返事がない。

さて、どうするか。

知り合いの記者に相談すると、アポなし取材を勧められた。

「ローズはラスベガスで定期的にサイン会をしている。前に友人がサインをもらいにいったら、他に人がいなくて、かなり長い時間雑談ができたということだ。直接、行ってみたらどうだ」

ローズの公式サイトでスケジュールを調べると、ラスベガスのマンダレイベイホテルにある「アート・オブ・ミュージック」という、有名人のサイン入りグッズなどを扱う店の中で、サイン会をすると告知されている。ラスベガスへ飛んだのは、ローズの記録にあと5本と迫った6月11日のことだった。


当日、店に早く着いたので、まずはサインをもらう仕組みを店員に聞いた。

「写真は75ドル、ボールは99ドル、バットは199ドル。このユニホームはセールで399ドルです。このユニホームにはバットもついてきます」

その他には、バッティンググローブ、ボブルヘッド人形などがあって、店にあるローズの関連商品を買うことで、そのグッズにサインをもらえる、ということらしい。

言葉を添えてもらうことも可能で、名前ぐらいなら無料だが、例えば、「ごめんなさい、私は野球賭博をしました」と書いてもらう場合、199ドルの追加費用を払わなければならない。

レッズの監督時代、自分のチームを対象とした野球賭博をしていたかどで大リーグから永久追放という処分を受けたのは知られるところだが、それさえも商売にする。その言葉を書いたサインボールを、自身のホームページでも販売しているのだから、もう、プライドも何もない

──。

ただ、何か言葉を入れてもらうのは、「あり」かもしれないと考えた。

さて、店に入るとすぐ左手に椅子とテーブルが用意されており、その周りがロープで囲われている。商品を買うとそこへ案内され、順番にローズの隣の席に座り、サインをもらう。そのときにスタッフが写真を撮ってくれる。それは無料。正午過ぎ、ローズが現れたときにはすでに数人の客がいて早速サイン会が始まったが、そうして流れを把握した。

ただし、タイミングが難しい。そのときは待っている人がいなくても、ローズの隣に座った瞬間に次の人が来れば、話せるとしても一言、二言。そもそも、どう取材のアプローチをするのか。ボールを渡しながら、イチローの日米通算安打についてどう思う？　といきなり聞くのか。雑談をしながら、実は……と切り出すのか。店を離れ、近くのコーヒーショップで逡巡する。きっかけが難しい。

いいアイディアが浮かばず、午後1時過ぎに店に戻る。遠巻きに様子をうかがっていると、人が途切れた。かれこれ10～15分ほど、ローズは手持ち無沙汰にしている。きっかけよりもこのタイミングを逃しては──という思いから、99ドルのボールを購入して、ローズのところへ。

スタッフから横へ座るよう促される。ローズの顔色をうかがうが、機嫌がいいのか悪いのか、読み取れない。無表情のまま手を出してくる。その持っているボールをよこせ、ということだろう。

初めて、ローズが口を開いた。

「何か、書いてほしいのか？」

この言葉を入れてもらう場合、いくら追加費用がかかるのかと、少しビクビクしながら聞いた。

“Catch me, if you can”（俺を捕らえられるなら、捕らえてみろ）と入れてもらえますか。

その瞬間、ローズはこちらを振り向いた。

「なんだって？」

イチローが自身の記録に迫っている心情と、レオナルド・ディカプリオ主演で1960年代に実際に起きた小切手の偽造事件を題材に作られた映画のタイトルを掛けてみたが、そのニュアンスは伝わらなかったよう。怪訝というより、その目つきには険さえあった。

そこで正直に伝えた。日本の記者であること。イチローの記録について聞きたいこと。間があった。その間がやけに長く感じた。どう出てくるのだろう。幸い、まだ次の客はいなかった。

ローズは手にしたボールにサインペンを走らせる。お願いしたフレーズは書いてくれなかった。しかし、こう言いながら振り向いた。

「何が聞きたいんだ？」

取材を承諾してくれたということか。

早速、イチローが日米通算ながらあなたの記録に近づいています。その件について――と質問を始めると、ローズはそれを遮った。

「日本での安打をプロだからということで加えるのは、フェアではない。それなら、俺のマイナーでの安打数も加えろよ。俺はマイナーで２年２カ月、プレーした。そのとき４７０本ぐらいヒットを打っているはずだ」

４２７本ですね。

「４２７本？　まあいい。いずれにしても比べるなら、それを加えろ。イチローが日米通算で、俺のメジャーとマイナーの安打数を足した数字を超えそうになったら、そのときにまた、話をしようじゃないか」

取り付く島がなく、話題をそらす。

日米野球でプレーした経験があると思いますが、そのときの印象は？

「日本に行ったのは、１９７８年のオフだ。15試合（実際には17試合）プレーしたが、俺は14試合連続でヒットを打った（実際は16試合連続安打）。１試合だけだ、ヒットを打てなかったのは。確か最後の試合が３打数ノーヒット（実際は４打数無安打）だった」

レベルの差が大きかったと？

「予想よりは高かった。でも、メジャーのレベルではない。誰も、サダハル・オー（王貞治ホークス会長）の本塁打記録が、世界記録だなんて、思っていないじゃないか」

そもそも日米通算がメジャー記録に取ってかわる、という話ではなく、あくまでも参考記録。その前提で、イチローのヒットを打つ能力について話を聞きたい——と話を戻してみたが……。

「だからそれは、イチローが日米通算で、俺のメジャーとマイナーを合わせた安打数を超えたときに話そうじゃないか」

最後まで、噛み合わなかった。

顔を上げると、人が並び始めたのが見えたので腰を上げたが、「これだけは言っておく」と言ってローズは続けた。

「今でも十分、殿堂入りに値する選手だ。私に投票の権利があるなら、確実に一票を投じる」

最後の一言は大人の対応だったが、ローズこそ日米通算とメジャー記録を一緒にしているような印象を持った。何より強く感じたのは、自分が世界一だという自負。その意識の強さ。

おそらく、それが今の彼が、生きていく拠りどころ。球界から永久追放され、殿堂入りがかなわない彼にとって、それを失うことは、アイデンティティの喪失と同義。日米通算だろうが、自分の上に誰かが立つということに耐えられない。祝福する気持ちなど、さらさら感じられなかった。

右翼線への痛烈な二塁打でピート・ローズを超えた

これは、イチローの感覚とまるで違う。日米通算ながらローズを超えた日、イチローはこう言ったのである。

「日米あわせた記録とはいえ、生きている間にみられて、ちょっとうらやましいですね、ピート・ローズのことは。僕も（自分の記録を破られる瞬間を）見てみたいです」

また、ローズの世界観というのは、やはりイチローのこの言葉で、腑に落ちた。

「いろんな数字を残した人、偉大な数字を残した人、たくさんいますけど、その人が偉大だとは限らないですね。偉大な人間であるとは限らない。むしろ、反対の方が多いケースがあると僕は日米で思う」

際どい物言いだったが、それが記録の一面か。

「だから（ポール・）モリターだったり、（デレク・）ジーターだったり、近いところ、一緒にやった選手でいえば、すごいなと思う。ちょっと狂気に満ちたところがないと、そういうことができない世界でもあると思うので。人格者であったら、できないっていうこともいえると思うんですよね」

狂気の世界に身を置き、それを超えていこうとする中で、何かに取り憑かれ、頂点に立つと、守りに入る。記録は人を変える。

「そんな中でも特別な人たちはいるので、是非、そういう人たちに、そういう種類の人たちにこの記録を抜いていってほしい」

最後のイチローの一言には、いろんな含みがあった。

ちなみに、イチローにはローズが日米通算なんてメジャー記録でも何でもない、と抗う気持ちは理解できるのか。参考だろうが、自分の記録が破られる――ローズが感じているであろう一抹の寂しさのような感情に共感できるのか。

そのことを問うと、イチローは、「そういう人がいた方が、面白い」と苦笑した。

「だって、大統領選の予備選見てたって、面白いじゃないですか。そりゃあだって、あの共和党の方がいらっしゃるから盛り上がっているわけで、そういうところありますよ。それは人間の心理みたいなものですから。それはいいんじゃないですか。じゃないと盛り上がらないし、っていうところもあるでしょ？」

あの年は年明けから、「あの方」が共和党の候補指名を勝ち取るかどうか、話題となっていた。まさかそのまま大統領選挙まで制してしまうとは考えられなかったが、ローズの本心はどこにあるのだろう。

「それは分からない。会ったことないしね」

さて、ローズに礼を言って立ち去ろうとすると、ちょっと待て、とでも言いたげに手でこちらの動きを制し、彼の左斜め後ろにあった椅子を指差した。まだ、話したいことがあるのか。そこで待っていると、並んでいた二人のファンに対応した後で、クルリと振り返った。

「新しいビジネスを始めたんだ」

プレスリリースのようなものを渡された。

「『ローズに挑戦』というウェブサイトだ。俺がその日、大リーグで行われる全試合の勝敗を予想する。そして、参加者も同様に予想をする。的中した試合数が多い方が勝ちだ」

一種のオンラインギャンブルではないか。懲りない人である。

記録、その光と影

2019年の11月暮れから、トレバー・バウアー（レッズ）が日本を訪れていた。その前年、もしも8月中旬にピッチャーライナーが右足の腓骨に当たって骨折していなければ、サイ・ヤング賞を獲っていたであろうというほどの投手である。

その彼の日本滞在をアテンドし、約1週間、彼と同じ時間を過ごす中でピート・ローズに会ったときの話もした。

彼自身、子供の頃はイチローに憧れ、春のキャンプではイチローのサインをもらおうと、声を張り上げた1人。

「もらえなかったけどね」

イチローのことを、「歴代で最高の打者」とも形容するほど心酔しているだけに、少し割り引いて捉える必要があるものの、ローズのイチローに対する感情をこう推し量った。

「嫉妬だろう」

日米のメディアから注目されるイチローに対し、身から出た錆とはいえ、自分は華やかな世界から隔離され、日々のサイン会で細々と生計を立てる。それはあまりにも対照的だが、似たような構図は過去にもあった。嫉妬という言葉は、否が応でも過去への扉を開ける。

2010年9月18日、イチローが日米通算ながら3500安打を記録した。しかし、電光掲示板などではアナウンスがなく、パラパラと静かな拍手が、その偉業を称えただけだった。ホームであるにも関わらず、表示がなかったのはイチローからのリクエスト。

「僕から、やめてくださいって言ってます」

なぜ？

「2年前のことを勉強してますから、僕も。いろいろあったじゃないですか。ファンの楽しみではあると思うから、それを奪ってしまったことは残念だけど、そういうリスクを僕としては、また負うわけにはいかないのでね。そうやって勉強するのが人間ですから、しょうがないよね。本当はそうしたくないけど」

その2年前——つまり2008年、イチローは日米通算3000本安打、大リーグ記録タイの8年連続200安打といった記録を追う中で、孤立を深めていった。

チーム低迷の中、結果を残そうという行為が、「あいつは自分のことしか考えていない」と一部のチームメートから批判され、当時のことを後に、こう述懐している。

「途中、ヒットをがむしゃらに打とうとすることが、いけないことなんじゃないかっていう、僕は混乱した時期があった」

改めて当時を振り返ると、やはり重い言葉が並ぶ。

2008年5月下旬、チームが最下位に沈むと、「良くないと思われる状況というのは、僕はチャンスだととらえることは多いんですけど」と断った上で、続けた。

「今の状況は無理やりそう考えようとしても無理ですね」

また、8年連続で200安打を放ち、ウィーリー・キーラーの大リーグ記録に並んだ夜には、「マイナスの空気が皮膚から入ってくる。それを避けたかった。これまでより僕の世界を作り上げていたと思います」と話し、続いた言葉は、チームの歪んだ状況を包み隠さずさらした。

「負けているチームというのは、足を引っ張ろうとする人がいる。それには引っ張られないようにとは思っている。結局、それは結果を出していくしかないので、そこの強い気持ちはちょっと持っている。うまくいかないからといって、人も巻き込みたいという人がいるので、そこには負けないという気持ちは持っている」

実際、何があったのか。

翌年3月のワールド・ベースボール・クラシック。ネット裏には2008年6月にマリナーズの監督を解雇されたジョン・マクラーレンの姿があった。当時は、レイズのスカウトに転じていたが、並んで日本の試合を見ながら、おそらく彼にとっても苦い思い出である前年のチーム状況を聞いていると、こう言ったのである。

「嫉妬だろうな」

チームが低迷する中、だからこそ、メディアもイチローの記録のようなポジティブな話題をファンに提供しようとする。しかし、ギャップが大きい。それが対照的であればあるほど、歪んだ感情がイチローに向けられる。2008年は特にそれが顕著だった。

「子どものような選手ばかりだったから」

イチローのアプローチも理解されなかった。


かつて、イチローはこんな話をしている。

「まずは自分。自分のことができなかったら、フォア・ザ・チームも何もない」

その原点は、20歳のときの福岡遠征。開幕して間もない4月終わり、敗戦後のチームバスでうつむいていると、故・仰木彬監督の言葉に、価値観を揺さぶられた。

「負けたんで真っ暗なんですよね、空気が。僕も同じように空気読むじゃないですか。同じように頭を下げていたら、監督から、『イチロー、お前、なに下向いてんだ？　ヒット1本、二塁打を打って、お前はそれでいいんだ。勝ち負けは俺が責任を取るから。選手は自分のやることをちゃんとやれ』と言われたんです」

衝撃だった。真逆の発想。それはしかし、真なり。

「その当時はレギュラーで1年目のシーズンなんで、自分のことを考えてやるのが精一杯じゃないですか。当然ですよね。でも、チームのこと、チームのためにがんばれ、というのではなくて、自分のためにがんばれってなかなか言えることじゃないですよね。しかも、これからという選手に対して。それで、すごく心が動いた」

転じて、チームリーダーよりもチームに必要なのは、「（選手個々の）向上心」と位置づけた。そして、ワールド・ベースボール・クラシックで連覇を果たすと、確信に至った。

「それが集まったチームは強い。よくチームにはリーダーが必要だという安易な発想があるが、今回のチームにはまったく必要なかった。それぞれが向上心を持って、何かをやろうとする気持ちがあれば、そういう形はいらない。むしろないほうがいいと思った。僕は外からリーダーのような存在だと言われたけど、実際、中では何にもなかった。向上心があればチームはいくらでも可能性が見出せる」

そんな話もバウアーにすると、「その通りだと思う」と話している。

「俺も2018年、サイ・ヤング賞を獲りにいった。すると、個人のことを優先していると批判された。サイ・ヤング賞を獲るためには、良いピッチングをしなければならない。そこに集中すれば、ひいてはチームのためにもなるはず。でも、なかなかそうは理解してもらえなかった」

結局イチローは、あの頃からこんな道を選んだ。

「感情を殺してプレーする」

悲しい性だった。

大リーグ通算3000本安打を放った日の試合後、「もう少し……感情を無にしてきたところを、なるべくうれしかったらそれなりの感情を、悔しかったら悔しい感情を少しだけ見せられるようになったらいいな、と思います」と話したが、どうだったか。

それはイチローにとって、ヒット1本を打つことより、難しいことだったかもしれない。

変化、そしてたどり着いた境地

それでも、そんなイチローの心が、徐々に氷解していったのは2010年のシーズン終盤のこと。

トロントで10年連続200安打を達成したが、打った瞬間、ベンチにいたチームメート全員が立ち上がって拍手を送った。そして、そのイニングが終わってイチローが守備につくと、今度はライトにいたブルペンの投手らが、万歳三唱で記録を称えている。

その光景を見てイチローはひとりごちた。

「喜んでもいいんだ」

続けた言葉に、実感がこもっていた。

「2年前のことがトラウマになっちゃってるからね。チームメートの反応を見て、ちょっとほっとしましたね」

イチローは、戸惑いと理不尽に支配された深い闇の中にいたのである。

「2年前は、（年間200安打を）目標にすることすら否定されて、今度は目標とはしていいないのに、そういう方向に持っていかれて。なんか変な感じですよね。その筋の通っていない感覚に違和感を覚えながらのプレーでした」

さらに、「なんか、いろんなものが塞がれてるイメージがします」と複雑な思いを口にもしている。

「何を表現して、しない方がいいのかっていうのがわからなくなってきているかな。そういうものを提供したいと思うけど、そうすることもできない。だからこの先の問題ですけどね」

2010年のチームメートは、2年前と比べると顔ぶれが一変しており、当時のことや、そうしたイチローの内面を知る由もなかったが、ブルペンでバンザイをし、2007年から3シーズン、日本ハムでもプレーしたブライアン・スウィーニーは、「そういう孤独を感じながらプレーし、200安打に達したのだとしたら、さらにすごい」と感心した。

「1マイル（約1・6キロ）を一人で歩くと、長く感じるだろ？　でも、仲のいい友だちや子どもと歩けば1マイルなんてすぐだ。イチローは本来よりも何倍もの距離を感じながら、たった一人で道を歩いていたんだろうか」

その例えは、実に言い得て妙だった。

それでもやがて、イチローは、寄り添う仲間の存在を近くに感じるようになる。

2013年8月21日、イチローが日米通算4000本安打を放つと、ヤンキースのチームメ

日米通算4000本安打を放つと、チームメートが塁上で祝福

ートがダグアウトから出てきて、塁上のイチローを祝福した。するとそのシーンを試合後、「４０００という数字よりも、あんなふうにチームメートやファンの人たちが祝福してくれるとは全く想像していなかったので、そのことですね。それが深く刻まれました」と穏やかな表情でイチローは振り返り、たどり着いた新境地を、こう表現したのだった。

「結局、４０００という数字が特別なものを作るのではなくて、記録が特別な瞬間を作るのでもなくて、自分以外の人たちが特別な瞬間を作ってくれるものだというふうに強く思いました」

同じような話は、大リーグ通算３０００本安打を放ったときにも、「あんなに達成した瞬間にチームメートが喜んでくれて、ファンの人たちが喜んでくれた。僕にとって

3000という数字よりも僕が何かをすることで僕以外の人たちが喜んでくれることが、今の僕にとって何より大事であるかを改めて認識した瞬間でした」と実感を込めている。

そのこと自体は本来、「当たり前のこと」とイチローは言う。ただ、決して単純でもない。

「いい結果を出そうとすることが、みんなも当たり前のように受け入れてくれる。こんなことが特別に感じることはおかしいと思うんですけど、僕はそう思いました」

マイルストーンが特別なのは、その喜びを分かち合える仲間がいてこそ——。


引退会見で、改めて語っている。

「あるときまでは、自分のためにプレーすることがチームのためにもなるし、見てくれている人も喜んでくれるかな、と思っていたんですけど、ニューヨークに行った後ぐらいからですかね……、人に喜んでもらうことが、一番の喜びに変わってきた」

もっとも、引退の日のカーテンコールを経験して、また別の価値観を知ってしまった。

「いろいろな記録に立ち向かってきたんですけど、そういうものは、たいしたことではないというか。自分にとって……まあそれを目指してやってきたんですけど。

僕ら後輩が、先輩たちの記録を抜いていくのは、しなくてはいけないことでもあるとは思うんですけども、そのことにそれほど大きな意味はないというか、今日の瞬間なんかを体験すると、随分、小さく見えてしまうんですよね。

その点で、例えば、分かりやすい、10年200本を続けてきたこととか、MVPを獲ったとか、オールスターでどうたらっていうことは、もうほんと、小さなことにすぎないというふうに思います」

いったい、どれだけの選手が、そこまで到達できるのか。

そもそも、記録を塗り替えたり、タイトルなどを獲得して初めて、喜びを知る。しかし、その上があった。キャリアを走りきって見えた景色は、偉大な記録さえ小さなものに変えていた。

なお、日米通算4000本安打を放ったとき、相手チームに川崎宗則がいた。イチローが二塁まで来ると、「ありがとうございます」と伝えたそうだ。

「おめでとうございます」ではなく?

「おめでとうございますじゃないですね。ありがとうございますと」

彼にはこんな思いがあった。

「こっちの野球の素晴らしさというか、いろんなことを経験して、日本では考えなかったようなことも考えるようになったり、英語をしゃべるようになったり、スパニッシュをしゃべるようになったり、そういう野球を教えてくれたのはイチローさんを追いかけてきたからなんでね、感謝したい。4000という最高の瞬間に一緒にグラウンドに立てたこと、僕は息子に自慢します。父ちゃんはねえ、イチローさんの4000本のとき、セカンドを守っていたんだぞって息子に言いたいと思います」

記録と米野球殿堂博物館

大リーグ通算3000本安打を放った翌日、本拠地マイアミに戻って米野球殿堂博物館のジェフ・アイデルソン館長（当時）と並んで会見を行ったイチローは、記録達成時に着ていたユニホーム、スパイク、バッティンググローブなど5点をクーパーズタウンにある米野球殿堂博物館に寄贈することを発表した。

それまでもイチローは、マイルストーンに到達する度、様々なものを寄贈しており、今や米野球殿堂博物館には質、量とも相当なイチロー・コレクションがある。

もっともそれは、訳があってのこと。

2001年、イチローは、シューレス・ジョージャクソンが持っていた新人の年間最多安打記録（233安打、1911年）を更新した。このとき、米野球殿堂からバットなどの寄贈を依頼されたが、イチローは断ったのだという。

「僕はそのとき、まだアメリカでどれくらい自分がそういった記録に関われるかどうかわからなかったので、そんな1回しかないかもしれない機会を将来の自分のために持っておきたいという気持ちがあったんでしょうね」

記録を達成することなんて、もう二度とないかもしれない。だとしたら、そのときのバットなどを思い出として取っておきたい――。しかしその後でイチローは、そのことを「すごく後悔した」そうだ。

記録は個人のものでもあるが、その選手を支えるファンの財産という一面もある。野球殿堂博物館に展示されれば、長くファンの間で受け継がれていく――。そう思い至ったとき、後悔が生まれたか。

「それ以来、何かジェフ（・アイデルソン館長＝当時）の方から依頼があったときはなるべくできることはしたい、という思いが芽生えた」

では、自身、６度も足を運んだというイチローにとって、米野球殿堂博物館とはどういう場所なのか。

「初めて行ったときは、何かを求める自分がいたんですね。（米野球殿堂博物館がある）クーパーズタウンはどんなところなのか。野球のためだけにある場所のようなイメージがあって、何かを求めて行って、実際に探したと思うんですよね」

しかし、数を重ねるうちに、「そのことに意味はない」と考えるようになったそうだ。

「その場所、クーパーズタウンに行くこと、それだけで何かを感じる。だんだん何かを目的に行くというのではなくなってきて、別に何かを見なくてもいい。そこにある空気に触れるだけで僕にとって特別なものなの。そう感じるようになった」

それはどんな空気なのか。「行ったことがない人には絶対に分からない。行ったことがあっても野球への愛情というのかな、情熱がない人にとってはひょっとしたら何もない場所かもしれない」とイチロー。

「これ、口で説明するのは本当に難しくて、神戸ビーフを食べた人がない人に神戸ビーフを説明するみたいな感じがちょっとあって、一回食ってみてよって感じですかね」

記録との距離感が変わっていったように、最初は拒否から始まった米野球殿堂博物館との関わり方も、キャリアを重ねるうちに、変わっていった。

なお、イチローは２０２５年に米野球殿堂入りの資格を得る。

第6章

「頭を使わない」野球とは

「STATCAST」時代の幕開け

「2001年に僕がアメリカに行ってから、この2019年——現在の野球は全く違う野球になりました。頭を使わなくても、できてしまう野球になりつつあるような。選手はみんな……現場にいる人たちもみんな感じているように思うんですけど、これがどうやって変化していくのか。次の5年、10年。しばらくはこの流れは止まらないと思うんですけど——」

19年3月21日の引退会見。イチローが、これからの野球の楽しみ方を聞かれると、意味深に語り始めた。

「本来、野球っていうのは……」

どう話が展開していくのか。多くが固唾を飲んでその先を待ったが、「いや、ダメだ」とイチローは、自らにストップをかけた。

「これ言うとまた、問題になりそうだな」

一切口を閉ざしたわけではないが、肝心のところをぼかす。

「頭、使わなきゃできない競技なんですよ、本来は。でも、そうじゃなくなってきているのが、どうも気持ち悪くて。ベースボール……野球の発祥はアメリカですから、その野球がそうなってきているということに、こう危機感を持っている人って、結構いると思うんですよね」

何かを匂わせつつ、でもそこには触れず、「アメリカの野球に追従する必要なんて全くなくて。やっぱり日本の野球は、頭を使う、面白い野球であってほしい」と日本の野球に期待を込め、重ねて訴えている。

「アメリカのこの流れは止まらないので。せめてやっぱり日本の野球は――決して変わってはいけないこと、大切にしなくてはいけないことを、大切にしてほしいなと思います」

「頭を使わない野球」とは何か。イチローは何を言いたかったのか。

仮にあのとき、イチローがそれを考えさせるために、あえて言わなかったのだとしたら、思惑通りになったのではないか。あの後、真意を巡って様々な意見が交わされることになったのだから。

ただ、簡単でもない。背景をひもとこうとすれば、ここ何年かの時代の流れを、順にたどっていく必要がある。

ここでは、さらに時代を遡って、考えていきたい。そうするとイチローのメッセージも見えてくる。

かつてカージナルス、レッズなどでプレーし、ミシガン州立大野球部のコーチを務めていたダニー・リトワイラーは、大学の警察がレーダーガンを使って車の速度を測っているのを見て、それを球速の測定に利用できないかと考えた。１９７３年のことである。

ピッチングマシンを作っていたＪＵＧＳという会社に連絡を取り、警察から買い取ったレーダーガンの改良を依頼。75年の春には、大リーグのキャンプ地を巡って売り込むと、それが大リーグの各球団のみならず、日本のプロ野球に浸透するのにもさほど時間はかからなかった。以来、球速という概念は良くも悪くも投手のポテンシャルを計るバロメーターとなり、ファンにとっては球場での野球観戦、また、テレビでの野球中継を見る上で、不可欠な要素となっていく。

人によってはそれを「必要悪」とも呼ぶが、なかなか言い得て妙である。

その後、２０００年代半ばに入ってボールの動き、リリースポイントの位置などをはじき出す「ＰＩＴＣＨｆ／ｘ」というシステムが登場し、07年までには大リーグの全球場に設置されると、２０１５年には「ＳＴＡＴＣＡＳＴ」という新しく開発されたシステムがやはり全球場に導入され、投手が投げる球の回転数、変化量までもが分かるようになった。

打者の能力に関しては、長く投手に比べてそれを測定するシステムの開発が遅れていたわけだが、ＳＴＡＴＣＡＳＴでは、打球の初速、打球角度といった決して肉眼では知ることのできない要素も、数値化されるようになった。

そうした技術の進化はその後、望むと望まざるとにかかわらず、確実に野球界に変化をもたらしていく。そこで得られるデータの解析、利用、それに対する取り組みはチームの明暗をも分けていった。

さて、少なからずそうしたデータに興味を持ち、2016年のシーズンが終わってからイチローの数字を整理していると、気づいたことがあった（表1）。

表1は15年と16年のイチローのスイングスピードの平均値だ。4シームとその他の球種に分けたのは、最も速い4シームを打ちにいく場合と、変化球を打ちにいく場合では、スイングスピードに違いが生じると考えたからだが、ある程度、想定通りとなっている。

表1 イチローのスイングスピード

（単位）マイル／時

年	4シーム	その他の球種
2015	56.4	55.7
2016	58.5	56.5

※Baseball Savant のデータをもとに筆者作成

これらの数字の解釈については注意が必要で、理由は後述するが、ひとまず基準とみなすなら、いずれのケースでも2016年の数値が前年を上回っている。特に4シームでは2・1マイル――約3・36キロも速くなっていた。あの年は一塁到達タイムも数年前と比べて上がっていたが、スイングスピードに関しても、年を重ねてなお、増していたのである。

2017年のキャンプでイチローにこの数字を伝えると、「なんとなく感じていた」と話し、4シームに対する2・1マイルというスイングスピードの差は「小さくない」と感想を口にしている。

もっとも、ここで難しいのは、その効果を客観的に証明すること。

15年と16年を比べれば、例えば、打率は2割2分9厘から、2割9分1厘に上昇し、本塁打以外のフィールド内に飛んだ打球が安打になった割合を示すBABIPも2割5分7厘から、3割2分9厘に上がっている。

しかし、スイングスピードが速ければ速いほどヒットが出やすくなるのかといえば判断が難しく、イチローにも、「その前は?」と聞かれたが、その時点ではSTATCASTが各球場に設置されてまだ2年だったので、過去を遡って傾向をはじき出すことは不可能だった。

ちなみに当時、スイングスピードや打球の初速でリーグ屈指の数字を叩き出していたのはマーリンズのジャンカルロ・スタントン(現ヤンキース)である。やはり2017年のキャンプで彼に解釈を問うと、「自分に関して言えば、フルスイングする必要がない、ということかな」と話している。

「自分の場合、フルスイングをしなくても、柵越えに必要な打球速度をキープできる。それよりは角度やコンタクトを意識すべき、ということが分かった」

彼はすでに本塁打を放つのに必要な要素である打球角度と打球初速の関係を理解していたが、実際、スタントンの打球速度は15年から17年まで調べたところ、徐々に下がっていた。そして、真っ直ぐ系の球に対する空振り率に大きな差はないものの、変化球に関しては改善が見られた。何より、2017年には59本塁打を放つなど、キャリア最高のシーズンを送ってい

図1　イチローのスイングスピード平均値

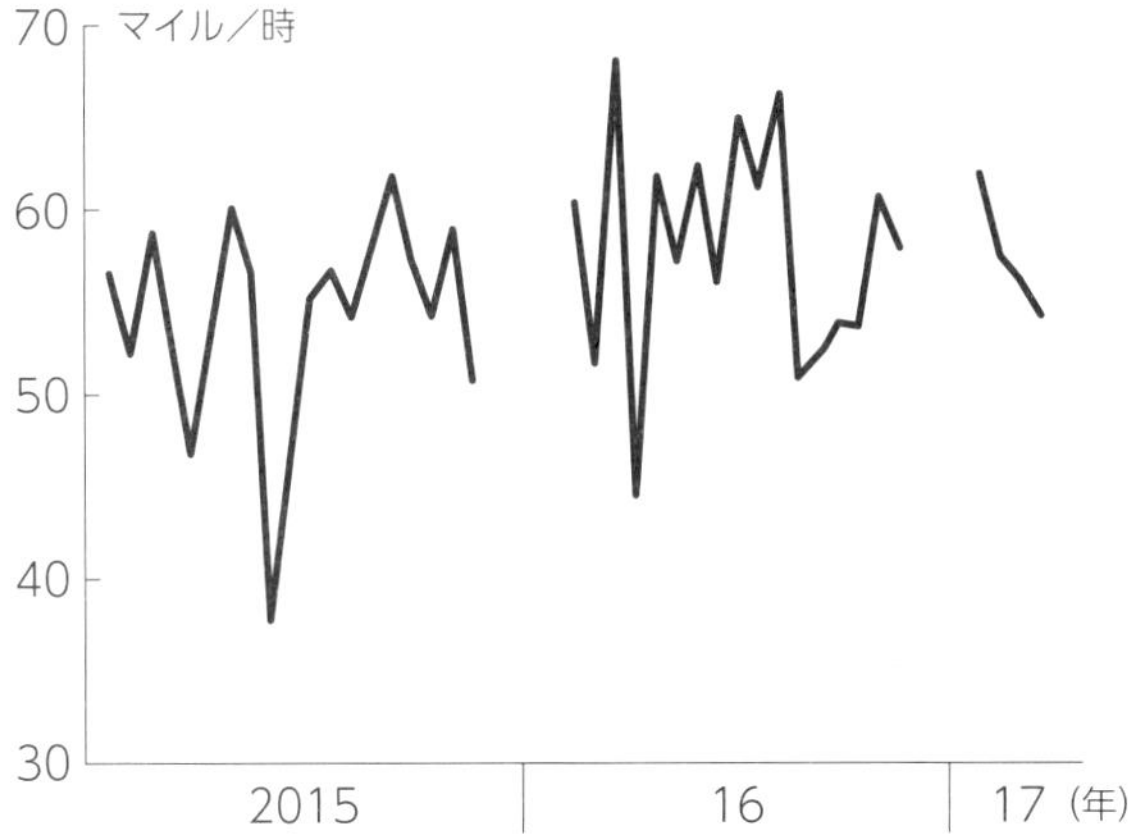

※Baseball Savant のデータをもとに筆者作成

る。

彼なりにデータから導いた答えを実戦したところ、結果が出たのだ。

とはいえ、「こうだ、というのは分からない」という。

「データは、取捨選択も含めて、選手次第で意味が変わってくる」

イチローのスイングスピードについては、もう少し噛み砕いて、15年4月1日から17年5月10日まで、10日ごとの平均値を調べてみた。

4シームに対する全スイングのスピードが調べられるわけではなく、あくまでも4シームを打ってグラウンド内に飛んだ場合のみの値となるが、結果は図1のようになった。

やはり16年の方が、総じてスイングスピードが速い。15年は10日のスパンで見た場合、平均値が60マイルを超えたのは2回しかないが、16年は8回もある。16年7月は1カ月通して60マイル以上をキープした。その間、その4シームを打った場合に限っての話だが、11打数5安打（4割5分5厘）という高打率になっていた。

ただあのとき、月間打率そのものは2割5分にとどまった。振り返れば、ちょうど大リーグ通算3000安打へのカウントダウンが始まっており、普段の精神状態を保つことが難しかった時期と重なる。イチローも記録達成後、こう心境を吐露している。

「人に会いたくない時間もたくさんありましたね。誰にも会いたくない、しゃべりたくない。僕はこれまで自分の感情をなるべく殺してプレーをしてきたつもりなんですけれど、なかなかそれもうまくいかず、苦しい時間でしたね」

スイングスピードを見てもわかるように体の状態は悪くない。しかし、心が乱れれば、全体としてバランスを欠くということか。

あの年は6月も比較的高い数値が続き、4シームに対する打率は4割2分9厘（21打数9安打）。月間打率も3割6分8厘と高かった。一方、8月のスイングスピードは前年の平均値を下回り、4シームに対しては13打数5安打（3割8分5厘）ながら、月間打率は2割9厘と低迷し、月別では最低だった。

そこに規則性があるかだが、別グラフを見ると、スイングスピードの平均値が58・1マイル

図2 イチローのスイングスピードと打率の関係

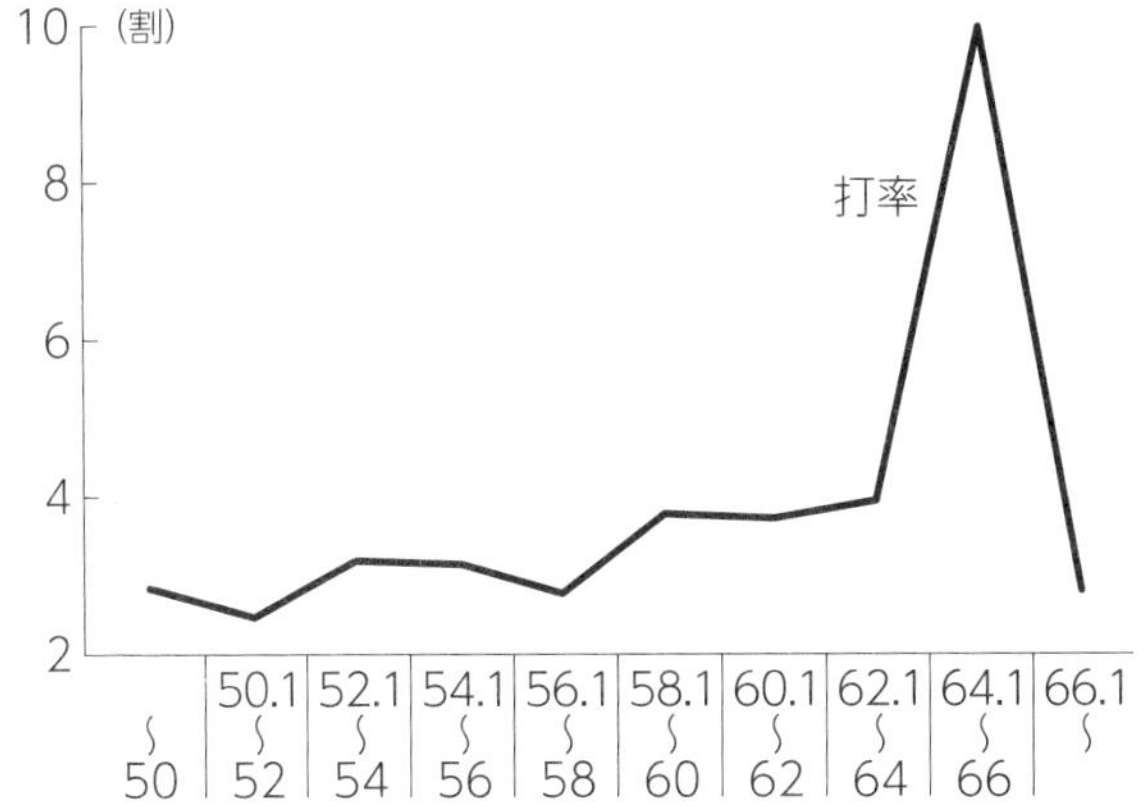

※Baseball Savant のデータをもとに筆者作成

以上になると、4シームを打った場合に限って、高い打率となっていた(図2)。ところが、15年は2度、スイングスピードの平均値が60マイルを超えているものの(6月1〜10日、8月21〜31日)、4シームを打った場合の打率もその間の全体の打率も低かった。

果たしてどんな関連があるかだが、当時も今も、こうしたデータ分析においてはメジャーでも屈指と言われるアストロズでかつて打撃コーチ補佐を務めたアロンゾ・パウエル(現中日打撃巡回コーチ)に聞くと、スイングスピードが速いことの利点をこう指摘した。

「打者はより長く、ボールを見ることができる」

ということは、スイングスピードが速ければ速いほど打者に有利かと聞き返すと、パウエルコーチは「理屈では」と言ってから、続けた。

「長くボールを見極められれば、打者はそれだけ多くの情報を得られる。ただ、それを生かすも殺すも、選手次第だ」

そこからさらに具体的な説明になった。

「仮に、ボールを捉えにいく始動のタイミングが同じだとして、スイングスピードが速ければ速いほど、ポイントが前に来るだろう。同じポイントで打ちたければ、始動を遅らせればいい。そうすれば、その分だけ長くボールを見ることができる。それはしかし、ゼロコンマ何秒の世界。その調節が感覚的にできるとしたら、それは選手にとってアドバンテージになる」

スイングスピードが増した分だけ始動を意図的に遅らせられるのだとしたら、その時間を使ってボールを長く見て、球種や、ストライク、ボールの判断にいかせる。確かに、理屈ではそうなるが、やはりパウエルが言ったように、それができるかどうかは、選手次第――。

イチローの場合、4シームを打った場合に限ると、16年の平均スイングスピードは、15年に比べて約3・36キロ速くなっていたわけだが、同じポイントでコンタクトする場合、具体的には何キロ速くなると、何秒間、始動を遅らせられるのか。つまり、どのくらい、長くボールを見られるようになるのか。また、そうした数字はどんな意味を持つのか。

次にそれを見ていく。

スイングスピードが意味するもの

イチローのスイングスピードを10日ごとに区切って調べたとき、短期間でも変動があり、細かく見ていくとその差が10キロを超えることもあった。では仮に、スイングスピードが10キロ違うとすれば、どれだけ長くボールを見られるのか。

スポーツバイオメカニクスが専門で、国立スポーツ科学センターで野球打者のスイング技術の評価をテーマに研究している森下義隆さんに、その違いを尋ねた。

するとまず、森下さんは重要な指摘をしている。

スイングスピードの値は、大リーグの各球場に設置され、球速やリリースポイント、打球の初速などを弾き出すＳＴＡＴＣＡＳＴから取得したデータだが、その数値は「インパクト直前の瞬間的なスピードのことであり、スイングを開始してからインパクトまでの時間における平均速度を表していない」とのこと。その場合、必ずしもボールを長く見ることができる要素とはならないという。

「平均スピードが速くなっていれば投球軌道を観察する時間が長くなりますが、そうでなければボールを見る時間が長くなるとは限りません」

そもそもＳＴＡＴＣＡＳＴでは、スイングして打球が前に飛んだ場合のスピードしか求めることができない。また、バントも平均値に含まれてしまうため、解釈には注意も必要だ。そのため、今回はわかりやすく理解するため、以下の条件でスイングスピードの違いによって生まれる差を森下さんに算出してもらった。

イチローのスイング時間（スイングを開始してからインパクトを迎えるまでの時間）を0・15秒と仮定。その上で、スイング開始から一定の加速度（線形）でスイングスピードが増していき、インパクトの瞬間に時速90キロ、または同100キロに達したものとしてバットの移動距離を算出する。

すると、こういう結果になったそうだ。

「両方同じ時間からスイングを開始すると100キロの方が約20センチ、投手側でインパクトすることになります」

言い換えれば、こういうことだという。

「100キロのスイングスピードで90キロと同じポイントでボールを打つ場合、約20センチ分遅くスイングを開始することが可能になります」

その差、約20センチ――。

この距離をさらに時間に置き換えると「約0・015秒」に相当するとのこと。つまり打者は、先程の設定条件において、スイングスピードが90キロから100キロとなった場合、およそ0・015秒分、始動を遅らせることができ、それだけ長くボールの軌道を見極められると

図3 スイングスピード10キロの差が意味するもの

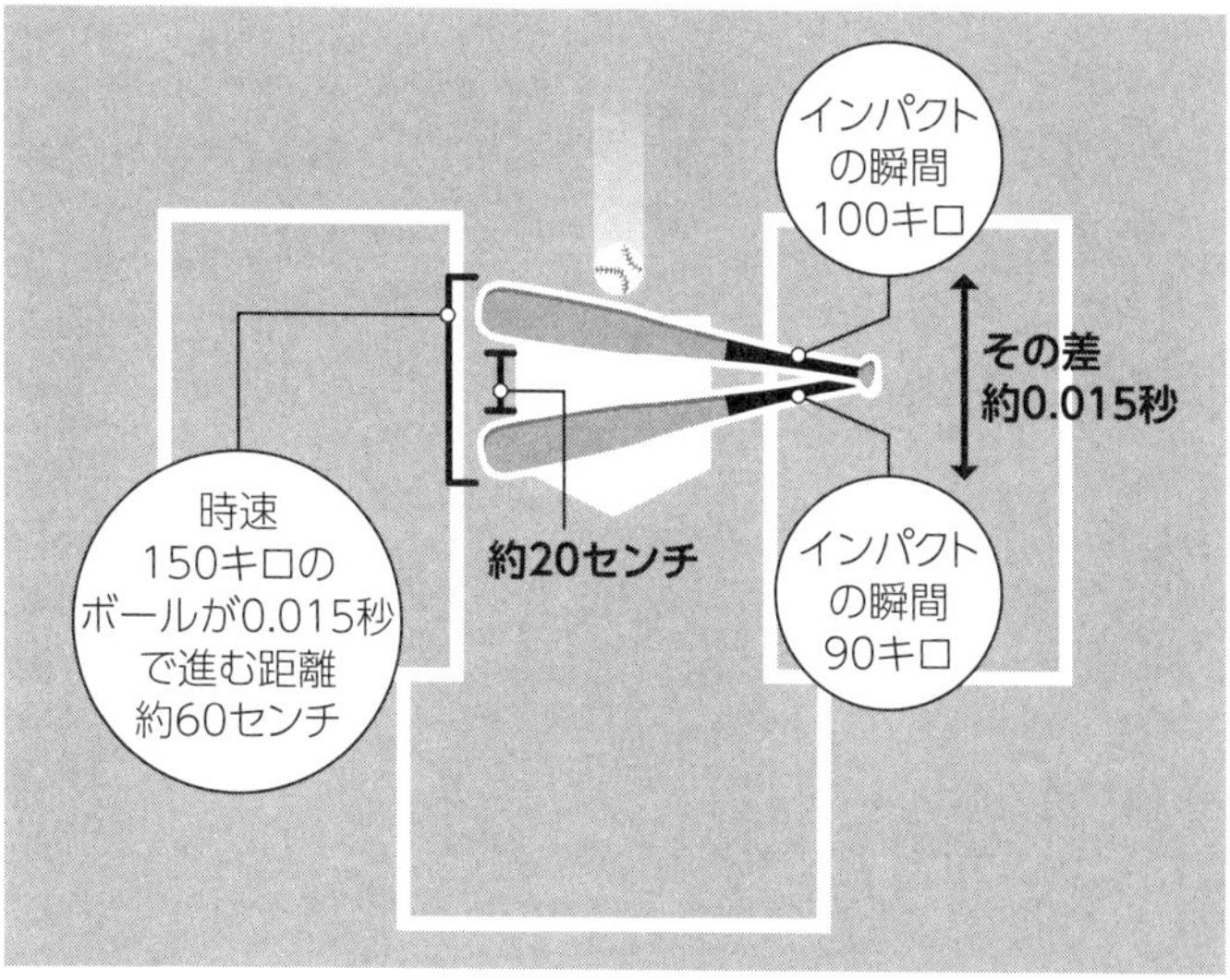

いうことになる。

わずかな差とも映るが、時速150キロの球で考えれば、0・015秒でボールが約60センチ進む計算という。森下さんは「スイング時間は私の研究結果から予想しており、また、バットのスピードは実際には線形ではなく曲線的に増加する」ことから、「妥当性は保証できない」と断りつつも、こう説明した。

「150キロで投球されたボールを打撃する場合、100キロ（のスイングスピード）は90キロに比べてボールを約60センチ（ホームベース側に）引きつけて見ることができる、ということになります」

それを示したものが、図3である。

となると、仮に始動を0・015秒、意図的に遅らせることができるのだとしたら、時速150キロの球の場合、約60センチ分、その軌道を長く確認でき、それは言わずもがな打者にとって有利になると森下さんも考える。

「打者が長くボールを見ることは、投球がホームベース上に到達する際の位置予測の正確性を向上できる可能性があるため、平均のスイングスピードが高いことは大きなアドバンテージになると思います」

では、イチローにとってその60センチは何を意味するのか。0・015秒をコントロールできるのか。


そこへ話を進める前に、余談を少々。

STATCASTのスイングスピードの値を参考程度としたのは、森下さんの説明でもわかると思うが、もう少し補足する。

2017年5月8日時点での4シームに対するスイングスピードのリーグ平均は時速59・8マイル（96・2キロ）だった。最速値でも70マイル前後。一方、バットのグリップエンドにセンサーを取りつけてスイングスピード、打球の初速、始動からインパクトまでの時間などを計測する「ZEPPセンサー」によれば、70～90マイルが代表的な大リーガーの値である。パワーヒッターなら80マイル台後半から90マイル台前半で、100マイルを超えることもあるようだ（2015年2月11日付「beyondtheboxscore.com」）。原因は測定方法の違いとも推測できるが、それだけではないかもしれない。

森下さんもSTATCASTの値は「遅く感じる」そうで、「インパクトの位置（バットの先端から約15センチ）で算出されているのではないか」と見る。森下さんの研究では「バット先端のスピードをスイングスピードとして算出している」とのことだが、インパクトの位置に換算したとしても、「日本の大学生や社会人のスイングスピードは時速100～110キロ」になるというから、大リーガーの平均値を超えてしまう。

よって、STATCASTの値をうのみにすることはできず、前年や他の選手との比較を同じSTATCASTの値を使って行う分には参考になりうるが、精度が疑問視されたのだろう。今はもう、STATSCASTのデータを検索するBaseball Savantからスイングスピードを求めることはできなくなった。

一度問い合わせると、「コストの問題」という回答があった。正確に弾き出すには、新たな投資が必要のよう。

イチローにとって0・015秒とは？

2017年7月25日、イチローは遠征でテキサスを訪れていた。試合前のクラブハウス。室内ケージでの打撃練習を終え、バットを手に戻ってきたイチローに、「聞きたいことがあるんですが」と声をかけると、イチローはバッティンググローブを外しながら言った。

「どうぞ、僕が答えられることでしたら」

その水が冷たいのか、温かいのか、触った本人以外には答えようがない。聞こうとしていることもおそらく、イチローにしか答えられない。

2016年のスイングスピードが、2015年に比べて速くなったということはすでに伝えてある。さらに詳しく調べると、その差が10キロを超えることもあった。そこに端を発し、国立スポーツ科学センターの森下義隆さんに、数字を算出してもらった。

繰り返しになるが、インパクトの瞬間の時速が100キロと90キロのスイングスピードを比較した場合、同じポイントでボールを打つとすれば、100キロの方が、約20センチ分遅くスイングを開始することが可能となる。その20センチを時間に置き換えると0・015秒で、150キロの球で考えれば、0・015秒の間にボールが約60センチ進む——。

この0・015秒、そして60センチとは、何を意味するのか？

イチローに問いかけると、「そりゃ、大きいよ」と即答だった。

「0・015秒と聞いただけで、そりゃ、デカイだろって（笑）。全然、違う。でも、わざと遅くしているケースだってある。単純な比較はできないから難しいところだけれど、本当に振った結果としてその差が出ているなら、それはデカイよね」

言い換えればそれは、0・015秒に詰まった情報量の大きさということか。

ただそれはあくまでも感覚的な話であり、「『俺、60センチ長く見える』って、体感的にそれを感じることは難しい」とイチロー。仮に物理的に長くボールを見たければ、「単純に60センチ下がればいいだけ」と言って、続けた。

「（普段、自分が立っている位置から）バッターボックスの後ろまで下がっても60センチないかもしれないけれど、下がったらそれだけ見られるわけだから。ラインを踏んでればいいわけだから」

そういえば2012年の開幕当初、イチローはバッターボックスの一番後ろまで下がったことがある。

「やった、やった」

左足など、バッターボックスの外に出ているようにみえたが、イチローも口にしたようにラインを少しでも踏んでいればいい。当時、審判のスーパーバイザーにも確認すると問題ないとの回答だった。しかし、イチローは決してボールを長く見ようと考えたわけではない。

「あれは、審判のことを考えて」

審判？

「あまりにも、通常ならボール（球）がストライクになるケースが多いから、僕が立ってる場所が悪いんじゃないかと。その変化を見るために下がってみた」

例えば、ボール気味の低めのボール。以前はボールだったのに、ストライクとコールされることが増えた。実際、２０１１年ごろから、ストライクゾーンが低めに広がったというデータがあり、そこを掘り下げると長くなるが、イチローはそれを感じていた。

その原因として、自分の立ち位置が関係しているのではとイチローは考えたわけだが、結果は……。

「（変化は）ない。ないから、戻した」

実際のところ、当時はまだストライクゾーンが低めに広がる一方だった。

話をスイングスピードに戻せば、イチローは０・０１５秒の大きさにうなった。スイングスピードは決して一定ではないが、投手がボールをリリースしてからホームベースに達するまでの時間が０・４秒前後とされる中で、０・０１５秒は確実にアドバンテージになりうる——。

もっとも、それがすべての選手にとって共通の事象かといえばそうとも限らず、選手次第で意味合いが変わる。スイングスピードがイチローよりも速い選手はいくらでもいるものの、01年以降、話を聞いた時点でイチローよりもヒットを打っている選手は一人もいなかった。

「そこは野球の難しいところ、複雑なところ」とイチローも言う。

「（スイングスピードを速くするだけなら）頭を使わないやつにもできる」

よって、スイングスピードや打球の速さが話題になることに対し、イチローは首をかしげた。

「スイングスピードや、今、（球場によっては）打球のスピードが出るところもあるけれど、あんなこと、なんの役にも立たないことがわかるわけだよね。やってる選手にとっては」

それぞれのスピードが速ければいいのか。それだけでヒットが打てるのか。ファンが楽しむ分にはいい。否定はしない。でもそれは、一面にすぎない。もっと打撃は奥が深い。より強く、より速くという流れにイチローはこうあらがった。

「2アウト三塁で、僕なんかはよく使っているテクニックだけれど、速い球をショートの後ろに詰まらせて落とすという技術は確実に存在するわけで、でも今のメジャーの中での評価は、チームによってはそこで1点が入ることよりも、その球を真芯で捉えてセンターライナーのほうが、評価が高い。ばかげている。ありえないよ、そんなこと。野球が頭を使わない競技になりつつあるのは、野球界としては憂うべくポイントだわね。野球ってばかじゃできないスポーツだから、でも、ばかみたいにみえるときがあるもんね。ほんとに」

速い球をショートの後ろに詰まらせて落とす技術についてはかつて、「僕が目指している形」とイチロー自身が話したことがある。

「僕は22、23のときぐらいからやってますからね。追い込まれてからのインサイドをショートの上に持っていく。それさえできていれば、いろんなことがカバーできるということ。別に特別なことではない」

しかし、数字にそのことが現れるわけではない。フィールドを見ていなければ、決してその技術を評価することはできない。

センターライナーが評価されるのは、イチローがショートの後ろに詰まらせて落とす打球よりも単純に打球の初速が速いからだが、そんな価値基準に対して、改めてイチローは異を唱えている。

「練習で同じ球を打って、それを測っているんだったら別にいいけれど、ピッチャーはこっちが待っている球を投げてくれないからね。結局こういうことは、現場にいる人間にとってはなんの意味もない」

速い球が評価される投手の球に関しても同じようなことがいえるのではと、イチローは指摘する。

「ピッチャーが100マイル（約160キロ）を投げても、嫌なボールではないケースもある。でも、90マイルでもこいつ嫌な球だなあって（感じることもある）」

それはボールの動きかと問うと、「いや、動きがなくても」とイチロー。

「ストレートなのに、90（マイル）なのに嫌なものはある」

確かに、これまで決して肉眼では知ることのできなかった数値がわかるようになった。とはいえ、打席に立って初めて見えることもあれば、技術やその選手の狙いまで数値化できるわけではない。

それでも一部のチームが、机上の数字に対して必要以上に意味を持たせようとする背景には、こんな一因があるのではとイチローには映る。

「野球をやったことがないやつを現場に入れているから、ややこしくなっている」

イチローがショートの後方にフライを落とす。野球を知っていればそれを必然と判断できる。データには長けていても、野球そのものを知らなければ、偶然としか映らない。

メジャー通算3000本安打を打った日に、イチローはこんな話もした。

「ただバットを振って——それ以外もそうですね、走ること、投げること、すべてがそうですけども、ただそれをして、3000はおそらく無理だと思いますね。瞬間的に成果を出すことはそれでもできる可能性はありますけど、それなりに長い時間数字を残そうと思えば、当然、脳ミソを使わなくてはいけない」

それはイチローがプレーする上での前提のようなもの。

「使いすぎて疲れたり、考えてない人にあっさりやられることもたくさんあるんですけど、それなりに自分なりに説明ができるプレーはしたいというのは僕の根底にありますから、それを見ている人に感じていただけるなら幸せです」

長い話になったが、結局、こうした一連の流れを理解し、全体像を把握することで、冒頭で紹介した「頭を使わなくても、できてしまう野球になりつつあるような」という言葉、イチローが言わんとしていることの意味が、輪郭を帯びる。

かといってイチローは、科学的なアプローチを否定しているわけではない。興味がないわけでもない。

それはそれで、頭を使わなければならない。実際、平凡な選手が、生き残りの最後の手段としてデータに向き合い、打球に角度をつけるという技術を習得し、レギュラーをつかんだケースもある。あるいは、トレバー・バウアーのように、動作解析によって投球フォームを修正し、自分が持つ物理学の知識とＳＴＡＴＣＡＳＴなどで得られるボールの変化量のデータと突き合わせながら一つ一つの球種を見直した結果、覚醒した例もある。

なのにあの後、それまで「フライボール革命はすごい」「これからはデータ野球だ」と礼賛していた人たちが、イチローの発言を都合よく解釈し、メジャーは今、データに支配され、画一化されているなどと、これまた表面だけを切り取って、批判に転じたのは滑稽に映ったが、イチローが言ったのは、まさにそうした浅はかなロジックではなかったか。

問題は選手一人一人が、どう可視化されたデータと向き合うか。与えられ、言われたまま受け入れるのではなく、なぜ、そうなるのか、ということを自分の頭で咀嚼できるのかどうか。

これは例えば、トレーニングとも話は共通する。自分はなぜ、そのトレーニングをするのか、あるいは必要とするのか。重いものを持ち上げられるようになるだけでホームランが打てるわけではない。速い球だけで打者を抑えられるわけでもない。

当然、チーム側にも選手に正しく情報を伝える義務があるが、どうにも打球初速など派手な数字だけが独り歩きし、それはまさにスピードガンが生んだ弊害と現象が似る。

イチローが危惧しているのはまさにそうした流れではないか。

「まぁ、しょうがない。そういう時代だよね」

イチローは、少し寂しげだった。

「病気ができたら、それを治す薬がその後しか出てこない。そういう時期なんだね」

その比喩は、様々な示唆に富んでいた。

「手を出すのは最後だよ」

ところで、さきほど触れた詰まらせてショートの後ろに落とすという技術。イチローの打撃の中でも、核となるもののひとつだが、そうした打撃技術を積極的に語ることはなかった。引退会見でも、打席内での感覚の変化は？　と聞かれると、「聞く？　それ。ここで。言う？裏で話すわ」と煙に巻いている。

かつて、こんなこともあった。

２００７年は開幕3連戦をホームでこなした後、最初の遠征先となったクリーブランドが大雪に見舞われ、予定されていた4試合がすべて中止となった。

実戦から遠ざかった影響か、続くボストン遠征では3打席連続三振を喫するなど、2試合で8打数無安打、4三振に終わり、次のレンジャーズとの初戦でも4打数ノーヒット、3三振。3試合のスパンで2度も3三振を喫したのは、それまでで4回しかなかったことだった。

あのとき、「これから整理する」と話したイチローは、次の試合から構えを変えている。開幕からやや背中を丸めて構えていたが、3試合連続無安打の後、背筋をピンと伸ばしたのである。

しかし、その変化に対して、「そこは言わない」とイチロー。「いろんなことを試したし、いろんなことを考えた」と言うにとどめている。

２０１6年6月に日米通算でピート・ローズの大リーグ最多安打記録（４２５６本）を更新したときもそうだった。

序盤は起用の定まらない中で3割を超える打率を維持していたが、打撃での手応えを聞かれ

2009年9月13日、9年連続200安打を達成し、取材に応じるイチロー

ると、「キャンプ中は（手応えが）なかった。キャンプが終わってから、マイアミに戻ってヤンキースと試合をしました。あそこはポイントだった」と明かしている。

あの年、マーリンズは、オープン戦の仕上げを本拠地マーリンズ・パークにヤンキースを迎えて行った。イチローは初戦、初球を打って二塁ゴロ。2試合目はショートフライとレフトフライだった。ただあの年、好調のルーツがその3打席にあった。

何がどうポイントなのか。

イチローはしかし、そんな質問が飛ぶ前に、「その先はご容赦願います。願いたいと思います、かな」と機先を制している。

裏にはこんな思いもあるよう。大リーグ通算3000本安打を放ったときには、「すごく繊細」と打撃技術を形容した。

「技術は毎年、特に打つことに関しては、変えることがあって、それらがうまくいくこともあるし、そうじゃないこともある」

こと打撃に関しては、どう説明しても伝わらない——そんなジレンマがあったのかもしれない。

それでも、折に触れて打撃技術の一端を口にすることがあった。

9年連続200安打を達成し、ウィーリー・キーラーの大リーグ記録を更新すると、「相反する考え方が共存している」と打撃に関して語り始めた。

「これという最後の形はない。これでよしという形は絶対にない、っていうことが分かっている。でも今の自分が最高だっていう形を常に作っている。この矛盾した考え方が共存しているということは、僕の大きな助けになっていると感じていますね」

技術論ではないが、イチローがどう打撃を捉えているのか、それを知る一助となりえた。

同じ9年連続200安打をマークした日である。キーラーは現役時代、どうしたらそんなにヒットを打てるんだ？　と聞かれて、「人のいないところに打てばいい」と言ったとされる。

マリナーズも2002年のプロモーション用TVCMでそのエピソードを利用。出演したイチローに、「ヒットを打つコツは？」と聞き、「人のいないところに打てばいいのさ」と言わせている。

9年連続200安打、節目の一打は、ショートへの内野安打だった

キーラーとのつながりも、記録更新でこのときが最後になったわけだが、彼のように短く打撃の極意を語るとしたら？　と聞くと、イチローは「そうだなぁ」と少し考えてこう言った。

「手を出すのは、最後だよ」

どういう意味か？

「これは、僕のバッティングを象徴しているものというか、手を出すのは最後」

イチローは続けて、意図するところを、噛み砕いた。

「やはり、手が早い人はだめですよ。何をやるにも。というとこだと思いますね。うん。その手を出さないためにどうするかをむしろ考えているのが僕。でもどうやって、早く手を出そうかって考えているのが、わりと普通というか、真逆なんですよね、考え方が。だから、『手を出さない』からヒットが出る、ということじゃないでしょうか」

そう説明されても、まだ理解し難かったが、それを解説してくれたのは、意外な人物だった。

データが教えてくれたもの

2014年、イチローの三振比率が突出していた。

この年は開幕のスタメンから外れ、不透明な起用と格闘。シーズン途中でこう漏らしたこともあった。

「試合に出ていなくても、試合に入っていくというふうにいう人がいるけれど、そういう気持ちでいることは、気持ちとしてはわかるけど、それはできない。無理なことだと思うからね。そういう気持ちでいるというのは、言い聞かせの世界だし。ただ、気持ちを抜いていたらダメなんだけど。試合に入っているという気持ちとは違う」

それでも居場所を模索し、自身では最低限の結果を残した1年でもあったが、打席数に対する三振の確率が17・7%と過去に比べて高く、それまでの最悪が10年の11・7%で、あの時点での平均が9・8%だったのだから、異常値だった。

あの年は、他にもそれまでとは異なる傾向が出ている。

イチローの場合、コンタクトし、打球を前に飛ばすことで可能性を求めていくタイプ。過去、本塁打を除くフェアグラウンドに飛んだ打球がヒットになった割合を示すＢＡＰＩＰ「（安打－本塁打）÷（打数－三振－本塁打＋犠飛）」が高いと、打率も高くなるという連動性があったが、２０１４年はＢＡＰＩＰが.346だったのに、打率は.284。それまでは、ありえなかった。

その原因は三振の多さだったわけだが、そこをさらにたどると、こんな変化も見えた。

まず、ボール球を振って空振りする確率が26・９％（平均17・３％）と、記録が残る07年以降ではもっとも高かった。これまで、ボールに手を出してもバットには当てていたが、10％近くも空振りの比率が増えた。

また、ボール球を振って喫した26三振のうち、球種を確認すると、スライダー（８個）とカーブ（８個）で、全体の半数を超えていた。

そのスライダーを振って空振りした確率は28・４％（17・０％）。カーブを振って空振りした確率は22・５％（16・８％）。いずれもカッコ内のキャリア平均（07年以降）とは大きく隔たりがある。となると、突き詰めていくと、あの年の三振急増はカーブ、スライダーへの対応が一因だったと考えられた。

さて、同年のオフである。今も史上最高のキャッチャーと評され、１９７０年代の最強チームだったレッズを支えたジョニー・ベンチにインタビューする機会があった。テーマは多岐にわたったが、イチローの打撃にも話が及ぶと、ベンチはこう言っている。

「我慢ができていない」

どういうことか。

そのときベンチは、身ぶり手ぶりでその意味を解説し、グリップの動きをしきりに強調している。「球を捉えにいくときにグリップが残らないので、最後の変化に対応できない」と指摘したのだった。

そのときふと、「手を出すのは最後」というイチローの言葉を思い出し、ベンチに伝えると、「うん、うん」とうなずいた。

ちなみに、至極明快に、イチローが打撃論について語ったのは、2018年12月のことである。イチロー杯の表彰式が質問タイムに移ると、ある子どもの手がすっと上がった。

「はい、君」とイチロー。

「バットコントロールの秘訣はなんですか?」

「これは結構、聞かれるんだけど、秘訣……?」と苦笑したイチロー。ただ、こうわかりやすく続けたのだった。

「バットコントロールについてはね、プロ野球選手になってから身についたものではなくて、みんなぐらいの年齢のときに誰よりも練習をしてた。僕らは毎日練習できるチームではなかったので、個人で練習をしていたんだけど、僕の仲間たちは週1回ぐらい。僕はでも、毎日、365日やってた、そのときは。その頃の感触っていうのは、今でも残ってる。僕はそのときに身についたと思っているから、みんなぐらいの年齢のときに頑張ることは、とても大事だと思います」

第7章　子どもたちに伝えたいこと

自分自身の可能性をつぶすな

ところでバットコントロールの話には、前置きがあった。

「高校時代は誰よりも練習しなかった。誰よりも頑張っているイメージかもしれないけど、誰よりもやってなかった。とくに上級生になってから、サボろうと思えば、いくらでもサボれた。でも、それはなんでかっていうと、プロ野球に入ってからのことを考えていた」

ただ、そこで言葉を切り、「これ、あんまり良くない話だなぁ」と言いながら軌道修正した。プロに入ってからのことを考えると、なぜサボる必要があったのか――ということのほうが気になるが、イチローの発言を整理すると、直接子どもたちに語りかけるような、あるいは、子どもたちを意識したものが少なくなかった。

2004年、シーズンの最多安打記録を更新した日にも、「こちらに来て強く思うことは体がでかいことにそんなに意味はない」と切り出し、子どもたちにこうメッセージを送っている。

「ある程度のもちろん大きさというのは必要ですけれども、僕は見ての通り大リーグに入ってしまえば一番ちっちゃい部類。日本では中間ぐらいでしたけど、決して大きな体ではない。でも、大リーグでこの記録を作ることができた。これは日本の子どもだけでなく、アメリカの子どももそうですけど、自分自身の可能性をつぶさないでほしい。そういうことは強く思いますね。日本にいたときよりもこちらにきて強く思いますね」

自分らしさを――。そうあることの重要性を、身を以て示した。

「あまりにも大きさに対する憧れや強さが大きすぎて、自分の可能性をつぶしてる人もたくさんいると思うんですよね。自分自身の持ってる能力を生かすこと、それができればすごく可能性は広がると思います」

さて、この話を聞いていたんじゃないのかというぐらい、言葉をなぞるかのようなキャリアを歩んだのが、ディー・ゴードン（マリナーズ）である。

「イチローに初めて会ったのは、2004年にヒューストンで行われたオールスターゲームだった」とゴードン。「あの年、父親（トム・ゴードン）がオールスターに選ばれたから、連れてってもらったんだ」。

試合前のフィールドでは、イチローがいつもそうであるように、ストレッチをしていた。そこに少年時代のゴードンもいた。

「球宴だし、選手たちもリラックスして、普段は話す機会が少ない他チームの選手と雑談したりしていた。でも、イチローだけは、真剣に練習をしていたのを覚えている」

父親からイチローを紹介されて、握手をした。

「そのとき、びっくりしたんだ」

何を？

「こんな体の小さな選手でもメジャーリーガーになれる。こんな小さな選手でもオールスター選手になれるんだって」

当時、ゴードンは16歳。バスケットボールに熱心で、名門のルイビル大から奨学金のオファーをされるほどだったが、気が変わった。

「体の小さな自分でも、メジャーリーガーになれるんじゃないかって思った」

それまで無理と決め込んでいた。しかし、野球に打ち込むきっかけをイチローが作ってくれた。

「2012年、交流戦でシアトルに行ったとき、初めてイチローと同じフィールドに立った。その3年後、チームメートになった。それが何を意味するのか。もう、分かるだろ？」

ゴードンはそれから5年もの時間をイチローと過ごすことになる。

引退の日、フィールドで涙を流した背景には、そんな歴史があった。

言葉にして表現することっていうのは、目標に近づく一つの方法

あの引退の日も、子どもたちへのメッセージが溢れていた。

後悔はないのか？　と聞かれると、巨人との親善試合からイチローを暖かく包み込んだ球場の雰囲気、その熱量、そして最後のカーテンコールまでを含んで、「あんなものを見せられたら、後悔などあろうはずもありません。もちろん、もっとできたことがあると思いますけど」と穏やかな表情で言った後でゆっくり続けた。

「結果を残すために、自分なりに重ねてきたこと……人よりも頑張ったということはとても言えないですけど、自分なりにやってきたということは、ハッキリと言える。これを重ねることでしか、後悔を生まないということはできないんではないかな、と思います」

ベストを尽くしたと言い切れる。だからこそ、結果はどうであれ、後悔はない。それはあの日、晴れ晴れとした表情にもにじみ出ていた。

「最低でも50歳まで現役」と言っていたが、と質問されたときは、「確かに、最低50までって本当に思ってたし。それはかなわずで、有言不実行の男になってしまったわけですけど」といいつつも、その大切さを訴えた。

「でも、その表現をしてこなかったら、ここまでできなかったかもなという思いもあります。

だから、言葉にすること、難しいかもしれないけど、言葉にして表現することっていうのは、目標に近づく一つの方法ではないかなと思っています」

自分なりにテーマを作って口に出す。達成できなければ笑われるかもしれない。それでも、意志を発信する。

ある高校を訪問したとき、「こんなことがあった」と振り返ったのは2018年の暮れのことである。

「みんな夢を持っていたんだけど、中には自分には夢も目標もありません、という子がいたんですよ。そのとき、『夢や目標を持つことを恥ずかしいと思わないでくれ』と伝えた。何もないと前に進めないので、ないよりも、何かを見つけてほしい。何かに打ち込める時期って、すごく大事だから」

夢を語れ。そこへ向かって進め。

これは、イチローが2018年のイチロー杯の表彰式で、子どもたちに訴えた大きなテーマでもあった。

「今年の僕は、大きな転機というか、大きなことがいくつかありました。春、どうなるかわからない状態で自主トレを続けて、3月の頭にシアトルから声がかかった、またシアトル・マリナーズのユニホームを着ることができたんですけど、それも5月の頭までで、ゲームには出られない状況になりました」

　その年の春の状況をそう伝えてから、「そこからチームとは一緒に練習したんだけども、ゲームには出られなかった。みんなに伝えたいことは、自分ができると思ったことは、必ずできるとは限らない。だけど、自分ができないと思ってしまったら、それは絶対にできない、ということを覚えておいてほしい」と続けた。

　必ずできるとは限らない――。現実をにじませながらも、「自分ができないと思ってしまったらそれは絶対にできない」という強いメッセージに聞き入っていたのは子どもたちだけでなく、会場に詰めかけた選手の親たちもまた、自分のことに置き換え、神妙に耳を傾けていた。

　静かな会場に響くイチローの声が、耳ではなく、心に響く。

「周りができないということはたくさんあるんだけれども、それでも自分が頑張っていたら、最後はできることがたくさんあります。できないことももちろんあると思うけれど、自分の中で自分の可能性を決めないでほしい。自分ができないと思うまで、頑張ってほしい」

　そのとき立ちはだかるのは、自分自身。それが実のところ、手強い。

「5月頭にゲームに出られなくなってから、1人でトレーニングをしたり、バッティングをしたり、ボールを投げたり、ほとんどがそういう時間だったんですね。そこで思ったのは、自分でこれを続けられるかどうか、続ける自信があるかどうか。手を抜くことも、同時に簡単にできてしまう。でも、そこで手を抜いてしまうと、最後、シーズンを終えたときに、自分が自分に負けてしまったような感覚がきっと残ると思った。今年（18年）、最後は、それは自分ででてきたんじゃないかなと思っている」

転じてイチローは、こんな思いを強くしたそうだ。

「その人がどんな人間かっていうのは、人が見ているところで見える姿ではなくて、人の見えないところでどんな自分であるか。自分一人で頑張らなきゃいけないときに頑張るというのは力がいるし、難しいことなんですね。だから、常に自分に自分はどうなんだということを問うというか、そんな人間、大人になってほしい。そうやって自分なりに頑張ったら、何か光が見えてくるということを知っておいてほしいと思う」

少しずつの積み重ねでしか自分を超えていけない

引退会見では、直接的に「テレビを通じて多くの子どもたちが見ている。これから野球を始める子も。何かメッセージがあれば」と聞かれたが、そのときはこう答えていた。

「野球だけでなくてもいいんですよね、始めるものは。自分が熱中できるもの、夢中になれるものを見つけられれば、それに向かって、エネルギーを注げるので。そういうものを早く見つけてほしいなと思います。

それが見つかれば、自分の前に立ちはだかる壁にも向かっていける。それが見つけられない

子どもたちには積極的にサインをする姿が見られた

と壁が出てくると諦めてしまう、ということがあると思うので。いろんなことにトライして、自分に向くか向かないかというよりも、自分が好きなものを見つけてほしいなと思います」

ただあの日は、子どもたちへのメッセージがむしろ、間接的に含まれていることが多かった。

生きざまでファンに伝わっていたら嬉しいことは？　と問われ、「生きざま、というのは僕にはよく分からないですけど、生き方というふうに考えれば」と断った上で、こう語り始めている。

「人より頑張ることなんてとてもできない。あくまでもはかりは自分の中にある。それで自分なりに、そのはかりを使いながら、自分の限界を見ながら、ちょっと超えていく、ということを繰り返していく。そうするといつの日か、こんな状態になっているんだ、っていう状態になって」

それは例えば、地道に、1本ずつヒットを積み重ねていく過程とも似る。1打席で2本のヒットを打つことはできない。突き詰めれば、ヒットや記録との向き合い方は、イチローの生き方が色濃く反映されているともいえる。

イチローが続ける。

「少しずつの積み重ね――それでしか自分を超えていけないと思うんですよね。何か、一気に高みに行こうとすると、今の自分の状態とやっぱりギャップがありすぎて、それは続けられないと僕は考えているので地道に進むしかない。まぁ、進むというか、進むだけではないですね、後退もしながら。あるときは後退しかしない時期もあると思うので。でも自分がやると決めたことを信じてやっていく。でもそれは正解とは限らないんですよね。間違ったことを続けてしまっていることもあるんですけど」

打撃も試行錯誤の繰り返し。先程も紹介したが、2009年にもこう言っている。

「打撃に関して、これという最後の形はない。これでよしという形は絶対にない、っていうことが分かっている。でも今の自分が最高だっていう形を常に作っている。この矛盾した考え方が共存している」

そのためには無駄も経験するし、回り道になることもある。

しかし、「そうやって遠回りすることでしか、何か本当の自分に出会えないというか、そんな気がしている」とイチロー。

「そうやって自分なりに重ねてきたことを、今日のあのゲーム後、ファンの方の気持ちですよね。それを見たときに、ひょっとしたら、そんなところを見ていただいていたのかなと。それはうれしかったです」

子どもの頃からのプロ野球選手になる夢をかなえ、成功し、今、何を得たと思うかと問われたときは、「成功かどうかってよく分からないですよね。どっからが成功でそうじゃないのかっていうのは、まったく僕には判断できない。成功っていう言葉はだから嫌いなんですけど」と断りつつも、後に続いた言葉は、子どもたちへのメッセージの続きのようでもあり、新しい世界へ挑戦することをためらう若い人たちの背中をそっと押すような、そんな含みがあった。

「メジャーリーグに挑戦する――どの世界でもそうですね、新しい世界に挑戦するっていうことは、大変な勇気だと思う。でも成功――ここはあえて成功と表現しますけど、成功すると思うからやってみたい、それができないと思うから行かない、という判断基準では、後悔を生むだろうなと思います。やりたいならやってみればいい。できると思うから行く、挑戦するのではなくて、やりたいと思えば挑戦すればいい。そのときにどんな結果が出ようとも、後悔はない」

そもそもやる前から、できる、できないを決める必要はない。一歩踏み出せば、予想だにしなかった自分に巡り合うこともある。

「アメリカに来て、外国人になったこと。アメリカでは僕は外国人ですから。このことは——外国人になったことで、人の心をおもんぱかったり、人の痛みをこう、想像したり、今までになかった自分が現れたんですよね。

この体験っていうのは、本を読んだり、情報を取ることはできたとしても、体験しないと自分の中からは生まれない。孤独を感じて、苦しんだこと、多々ありました。ありましたけど、その体験は、未来の自分にとって大きな支えになるんだろうなと、今は思います。

だから、つらいこと、しんどいことから逃げたいと思うのは当然のことなんですけど、でもエネルギーのある元気なときにそれに立ち向かっていく。そのことはすごく人として、重要なことなのではないかなと感じてます」

第8章　イチローからのギフト

イチローが手にしたギフト

19年の日本での開幕シリーズそのものを「大きなギフト」と呼んだイチロー。引退会見でも改めて、「これほんと、大きなギフト」と形容し、胸の内を晒した。

「去年の3月の頭にマリナーズからオファーをいただいてから、今日までの流れがあるんですけど、あそこで終わってても全然おかしくないですからね。去年の春に終わっていても全くおかしくない状況でしたから。もう、今、この状況が信じられないです」

2018年3月7日にマリナーズと再契約。あのときの会見では、「僕自身の状態としては『泰然』とした状態であったと思います」と、契約のオファーを待っているときの心境を語っている。

「自分が経験してきて良かったこと、そうでなかったこと、たくさん経験した上でそうなったのか、なぜそうなったのか分からないですけど、ただ、泰然という状態は自分がプレーヤーとしても人間としても常にそうでありたいという状態、目指すべき状態ではあったので、そういう自分に出会えたのはとても嬉しかったです」

一方で、心乱れる自分もいたよう。再び引退会見の発言を引用すると、「あのとき考えていたのは」と口にしてから一瞬の間があり、「自分がオフの間、アメリカでプレーするために準備をする場所というのが神戸の球場なんですけども、寒い時期に練習するのでヘコむんですよね。やっぱ心、折れるんですよ」と珍しく弱気な一面を晒している。

「そんなときもいつも仲間に支えられてやってきたんですけど、最後は、今まで自分なりに訓練を重ねてきた神戸の球場でひっそりと終わるのかなぁ……って、あの当時、想像していた」

そこまで覚悟しただけに、まさか1年後に東京ドームであの結末が待っているとは、想像すらできなかった。

そんな背景もあったからこそ、国歌斉唱の後、ウォームアップのためにレフトのファールラインからセンターに向かって走り始めると、地鳴りのように沸き起こったどよめき、打席で耳にした涙声混じりのイチローコール、最後の場内一周で乱れ飛んだ「イチロー、ありがとう！」の声——そんな1分1秒を「夢のよう」と表現し、言葉を繋いだのだった。

「これも大きなギフトです。僕にとっては」

イチローからもらったギフト

では、イチローに関わった人たちは、イチローからどんなギフトをもらったのか。

引退までのシナリオを描いたマリナーズのジョン・スタントン会長にその問いを投げかける

位置にあった。

と、遠い記憶をたどった。

「彼がデビューした2001年、私はここのほぼ真上の席に座っていたんだ」

話を聞いたのはマリナーズのダグアウト。当時、彼の席は、グラウンドを一塁側から見渡す位置にあった。

「5歳と10歳の息子たちと一緒にプレーを見ていたんだが、彼のプレースタイルは明らかに他の選手とは異なっていた」

体の大きな選手がホームランを放ち、ゆっくりベースを回るシーンがスポーツニュースのハイライトで繰り返し流されていた時代。体を大きくするために薬物を使っているのではと、その関係を疑う声が大きくなる中、イチローのスタイルは異質と映った。

スタントン会長は、「彼は日本の選手だけでなく、大柄ではない選手たちにも希望をもたらした」と言って、続けている。

「アストロズの（ホセ・）アルトゥーベは小柄なため、活躍する可能性は低いとみられていたが、イチローのような才能の持ち主で、彼のように試合に向けた準備する選手なら、メジャーで活躍できるということを証明した。それこそ、アメリカの野球界にもたらした大きなギフトではないか。地元地域にとっては、彼のプレーを見られたこと。それ自体が、ギフトだった」

2018年のシーズン半ば、ロサンゼルスで話をしたときに、そのピッチングスタイルが、

「ペドロ・マルチネスに似ている」とイチローに言われ、「最大の褒め言葉をもらったような気がした」と振り返ったマイク・リーク。その彼にもイチローがもたらしたギフトについて聞くと、「プロとしてのあり方」と答えた。

「彼は毎日、イチローであるためにプロ意識をもって過ごしていた」

「イチローであるために」という観察眼がユニーク。確かにイチローはあるときから、イチローであることを背負い、それを受け入れ、それをプロとして貫いた。

「感じ方はそれぞれだけど、イチローのプレーを見ると次元が違うと感じた」

サンディエゴで生まれ育ったが、シアトルに親戚がいた関係で夏休みになるとよくシアトルに遊びに来て球場にも足を運んだというリークは、子供ながら当時、他の選手とは違うと感じ、イチローのスタイルに魅入った。

「あの頃から、常にしなやかな動きをする彼に注目していたし、体への注意力や試合での集中力は見ていて参考になった」

チームメートとなってからは、こんな一面も感じるようになった。

「自分の姿が後輩の手本になるようにと考えていたと思う。若い選手に正しいプレーの仕方を教えていた気がする」

それもまた、「彼がもたらしたギフトだと思う」。

同じ質問をして、「情熱」と口にしたのは、マリナーズで19年、先発投手として成長したマルコ・ゴンザレスだった。

「彼は純粋に野球を愛していた。そしてその愛情を毎日、誰よりも強く示していた。『野球を愛している』という選手は大勢いるけど、彼は毎日その愛情を示していた。そんな姿勢から、野球に対する情熱を教えられた」

同じく、イチローがアメリカの野球界に与えたギフトを問うと「情熱」と答えたのは、最後の試合で3打席目に見逃し三振を奪い、キャリアを通じてイチローに1本のヒットも許さなかったホワキム・ソリアである。

「彼は素晴らしい才能の持ち主。トラブルを起こしたことはないし、やるべきことをしっかり理解していた」

その原動力は「野球を心から愛していたからではないか」と察した。

「だからこそ、あの年齢になっても高いプロ意識を保ち続けることができたのだと思う。彼は体調管理を徹底していたし、外野の守備は今も素晴らしい。プレーするための準備を怠らなかった」

米メディア向けの引退会見に、「友人として」立ち会ったというアスレチックスのボブ・メルビン監督は、「プレーを通じたエンターテインメント」という、また少し違った視点で、イチローがもたらしたギフトを表現した。

「彼はキャリア終盤、一流のプレーを通じてファンを楽しませることを重視していた」

イチローのプレーを見ながら感じ取ったそんな意思。あるいは彼の場合、イチローとの会話から、思いを聞いていたのかもしれない。

「彼は、お金を払って見に来てくれたファンを楽しませたいと考えていた」

それを体現できる選手は限られるが、「彼は素晴らしい成績を残しただけでなく、エンターテイナーとしての華があった」とメルビン監督は目を細めている。

「野球はエンターテインメント。彼は歴史に残るエンターテイナーだった」

最後に、Tモバイル・パークで聞いたあるアジア人のファンの声を紹介する。

「イチローがメジャーに来た2001年、僕は高校2年生だった。当時、アメリカのスポーツ界で、圧倒的な活躍を見せるアジア人選手はいなかった。イチローが初めてだったといっていい。

僕は、誇らしい気分だった。僕だけじゃない。このシアトルには、多くのアジア人が暮らしているけど、その多くのアジア人に誇りを与えてくれた。いや、世界中の若いアジア人がそう感じたと思う。彼は、アジア人の代表だった」

エピローグ

引退会見が終わって、荷物が置いてある東京ドームへ引き返した。

開幕シリーズの期間は、メディアの仕事場として開放されていた食堂の前で旧知の記者と話していると、脇の階段の上の方から複数の足音が響く。振り向くと、会見を終えたばかりのイチローがユニホーム姿のまま現れた。

てっきり地下通路を通り、すでにクラブハウスに戻っていると思っていたが、ホテルと東京ドームを結ぶ地下通路が閉まっていたよう。

時計の針は、午前1時半を回っていた。

示し合わせたかのように、クラブハウス前にいつもシアトルでイチローを取材しているメンバーが集まってきた。シャワーを浴び、着替えをすませたイチローが出てきたのは、午前2時半前だったか。

そこで一人ひとり挨拶をしたが、湿っぽい雰囲気はなく、「じゃぁ、また」という軽い感じ。例年のシーズン最終日と雰囲気は変わらず、それはシーズンの早い段階で引退セレモニーが行われるのではという憶測もあり、近々、球場に顔を見せるからでは——とも解釈したが、そうではなかった。

マリナーズは19年4月30日、イチローの会長付特別補佐就任を発表している。「何も知らなかった」という菊池はあの日、「廊下を歩いていたら、ユニホームを着たイチローさんが目の前にいたんで、心臓が止まりそうになりました」と苦笑したが、インストラクターとして外野守備、走塁を指導し、打撃コーチの補佐役を務めることになったイチローはその後、ホームでは、当たり前のように球場に姿を見せるようになったのである。

それだけではない。

午後の早い時間に球場へ行くと、現役時代がそうであったように、たっぷり30分以上は体を動かし、遠投もダッシュもする。さすがに打撃練習をすることはなかったが、早出特打の打撃投手を務めたり、そのときの球拾いを一手に担ったりすることもあり、大きな区切りがついたとはいえ、イチローの姿がフィールドから消えることはなかった。

ファンとの距離はむしろ、近くなった。

マリナーズの打撃練習が終わると、それを打撃ケージの後ろで見ていたイチローは、引き上げるときにダグアウト脇で止まって、サインをするのが日課となった。するといつからか、開門と同時にファンは、一塁側ダグアウト上の通路に列を作るようになった。イチローは、これまでの声援に感謝の意を示すかのように、いつまでもペンを走らせた。

ところで、あの日の長い1日は、こんな一言で始まっている。

「イチローがおそらく、試合後に会見する」

そう聞いたのは19年3月21日の午後1時過ぎ。東京ドームの近くでお昼ごはんを食べてから記者席に戻ると、シアトル・タイムズ紙のライアン・ディビッシュ記者に耳打ちされた。

「今日の夜は忙しくなる。覚悟しておいたほうがいい」

どういうことかと聞きただすと、こんな経緯を教えてくれた。

「前日の夜、たまたまウチのカメラマンが、耳にしたんだ」

何を？

「21日の試合後の段取りについて、関係者が話しているのを」

その後、何も知らないカメラマンが、「試合後に何かホテルで会見でも予定されているのか？」と聞いてきたのだという。

もちろん、ディビッシュ記者は東京での引退の可能性について取材を重ね、関係者からある程度の情報を得ていたが、確証がない。しかし、「あのとき、最後のピースがはまった」と後に振り返った。

彼は、すぐにシアトルにいるデスクに連絡をすると、「予定稿を書いておいてくれ」と指示を受け、試合前——午前中の発表にも備え、朝5時に起きて、長い原稿を書き上げたばかりだった。

発表は午後になってもなかったが、ディビッシュ記者はイチロー引退をSNSなどで一報することもなければ、予定稿が速報としてネットにアップされることもなかった。

「トレードやフリーエージェントの契約の話ならツイートしていたかもしれない。でも、引退は別。本人の望む引退発表の形があると思う。ましてや、イチロー。自ずと、対応は変わってくる」

イチローの意志を慮った。

結局、試合前になっても発表はなく、やがてシアトルは午前0時を回った。結局、担当デスクはその日、社内で夜を明かしたそうだ。

さて本書の企画は、その長い1日を終えた翌朝に届いた1本のメールで、動き始めている。旧知でもある日本経済新聞出版社の編集者細谷和彦さんから「本、出せますか？」と連絡が入った。以前から「いつか出せたら」と日本へ一時帰国するたびに話をしていたが、引退を機に話が本格化した。

どんな方向性とするか。打ち合わせ、プロットのやり取りを重ねる中、言葉を軸にして、ビジネスパーソンが共感できるような、あるいは、何かを考えるきっかけとなるような——というアイデアを細谷さんからいただいた。

イチローの言葉には圧倒的な力がある。その多くは野球観というより、人生観であり、日々の様々なシーンに落とし込んでみるとどうか、ということが少なくない。言葉が生まれた背景をあわせて描写することで理解も深まり、世代や立場によって受け取り方も変わるであろう、そうした言葉をたどっていく——というコンセプトも固まった。

とはいえベースは、2010年に日本経済新聞の電子版創刊と同時に始まった「イチローフィールド」という連載である。

今回、過去に書いたイチローフィールドを読み返し、コメントや当時の現象を確認。連載開始前については取材メモなど残っているものをひもといた。

そのイチローフィールドはもともと、日本経済新聞の夕刊で連載していたコラムの担当編集者だった鉄村和之さんからの依頼である。イチローフィールドの編集はその後、唐澤清さん、篠山正幸さん、奈良部光則さん、磯貝守也さん、土田昌隆さんに引き継がれ、今は再び、唐澤さんに見てもらっている。

その唐澤さんとは2002年に初めて会った後で夕刊のコラム執筆を依頼されたが、そのコラムは今も続いており、まもなく20年になろうとしている。あのときの縁が、こうして一つの形になった。皆さんには感謝の言葉しかない。

なお、引退にまつわるエピソードは、19年のゴールデンウィークにＮＨＫＢＳの「ワースポ×ＭＬＢ」内で、10夜連続で放送された「イチロー引退の舞台裏」の制作に携わった際の取材がもとになっている。その後、その10本を再編集し、さらに新たな証言を加えたものが、ＢＳ1スペシャル「イチロー引退　舞台裏の物語」として放送されたが、番組のチーフプロデューサーだった田中正俊さんをはじめ、あの特集に関わったワースポスタッフの皆様にもこの場を借り、貴重な機会を与えてもらったことに対し、お礼を申し上げたい。

また、長きにわたって書く場を与えられたからこそ、イチローという稀有な取材対象を見つめることができた。

スポーツナビ社長の山田学さんとはもう20年以上の付き合いになった。山岸耕太さんを始め、同編集部の皆さんとも長い付き合いである。産経新聞特別記者の植村徹也さん、サンケイスポーツ運動部部長の大澤謙一郎さんにも様々な面でサポートしていただいた。ベースボール・マガジン社の木村康之さんからも、イチローに絡んだ特集号を出すときには、必ず声をかけていただいた。元「SPORTS Yeah!」編集長で、論スポ／スポーツタイムズ通信社の本郷陽一さんにも様々な媒体で書かせていただいた。「MLB.jp」では、博報堂の越山剛さん、小芝敏央さんと一緒に映像と記事を組み合わせるという特集を何本も作ったが、お二人には本書の企画でも助言をいただいた。

皆さんとの出会いがあったからこそ、こうして一つのものをまとめられたと思っています。ありがとうございました。

なお今回、改めて多くのイチローの言葉をたぐったが、案外、この言葉が一番記憶に残っている。

引退会見で、（現役生活を通して）何を得たかと聞かれ、こう答えた。

「こんなものかなぁ、という感覚ですかね」

普通に考えたら、その程度のものであるはずがないのに、まさか当意即妙にそんな言葉が出てくるとは。ただ、紋切り型で手垢のついた表現なんかよりよほど彼らしく、それまで続いた哲学的な言葉との違いと相まってクスッと笑えるそんな一言で引退を締めくくるのも、イチローらしかった。

2020年2月1日、シアトルにて

丹羽　政善

イチロー・打撃成績一覧

年度	所属球団	試合	打数	得点	安打	本塁打	打点	盗塁	四球	三振	打率
1992	オリックス	40	95	9	24	0	5	3	3	11	.253
1993	オリックス	43	64	4	12	1	3	0	2	7	.188
1994	オリックス	130	546	111	210	13	54	29	51	53	.385
1995	オリックス	130	524	104	179	25	80	49	68	52	.342
1996	オリックス	130	542	104	193	16	84	35	56	57	.356
1997	オリックス	135	536	94	185	17	91	39	62	36	.345
1998	オリックス	135	506	79	181	13	71	11	43	35	.358
1999	オリックス	103	411	80	141	21	68	12	45	46	.343
2000	オリックス	105	395	73	153	12	73	21	54	36	.387
2001	マリナーズ	157	692	127	242	8	69	56	30	53	.350
2002	マリナーズ	157	647	111	208	8	51	31	68	62	.321
2003	マリナーズ	159	679	111	212	13	62	34	36	69	.312
2004	マリナーズ	161	704	101	262	8	60	36	49	63	.372
2005	マリナーズ	162	679	111	206	15	68	33	48	66	.303
2006	マリナーズ	161	695	110	224	9	49	45	49	71	.322
2007	マリナーズ	161	678	111	238	6	68	37	49	77	.351
2008	マリナーズ	162	686	103	213	6	42	43	51	65	.310
2009	マリナーズ	146	639	88	225	11	46	26	32	71	.352
2010	マリナーズ	162	680	74	214	6	43	42	45	86	.315
2011	マリナーズ	161	677	80	184	5	47	40	39	69	.272
2012	マリナーズ	95	402	49	105	4	28	15	17	40	.261
2012	ヤンキース	67	227	28	73	5	27	14	5	21	.322
2012	2チーム計	162	629	77	178	9	55	29	22	61	.283
2013	ヤンキース	150	520	57	136	7	35	20	26	63	.262
2014	ヤンキース	143	359	42	102	1	22	15	21	68	.284
2015	マーリンズ	153	398	45	91	1	21	11	31	51	.229
2016	マーリンズ	143	327	48	95	1	22	10	30	42	.291
2017	マーリンズ	136	196	19	50	3	20	1	17	35	.255
2018	マリナーズ	15	44	5	9	0	0	0	3	7	.205
2019	マリナーズ	2	5	0	0	0	0	0	1	1	.000
NPB通算		951	3619	658	1278	118	529	199	384	333	.353
MLB通算		2653	9934	1420	3089	117	780	509	647	1080	.311

著者紹介

丹羽政善（にわ・まさよし）

シアトル在住スポーツライター。

1967年、愛知県生まれ。立教大学経済学部卒業。大学時代から、日之出出版でファッション誌の編集に携わるかたわら、米プロスポーツに興味を持ち、1995年秋から留学。1999年5月にインディアナ州立大学スポーツマネージメント学部を卒業すると、以来、シアトルに居を構え、MLB、NBA、スノーボードなどを中心に取材。NHK BS－1で放送されている「ワースポ×MLB」にも出演している。著書に『夢叶うまで挑戦―四国の名将・上甲正典が遺したもの』（ベースボールマガジン社）、『メジャーリーグビジネスの裏側』（キネマ旬報社）、『メジャーの投球術』（祥伝社）などがある。

イチローフィールド

野球を超えた人生哲学

2020年3月19日 1版1刷

著　者　丹羽政善

発行者　金子 豊

発行所　日本経済新聞出版社

https://www.nikkeibook.com/

東京都千代田区大手町1-3-7　〒100-8066

印刷・製本　三松堂

ISBN 978-4-532-17687-7